J'AI APPRIVOISÉ MA PEUR DE CONDUIRE

Evelyne Brossaud

J'AI APPRIVOISÉ MA PEUR DE CONDUIRE

Copyright © 2023 Evelyne Brossaud

Éditeur : Evelyne Brossaud

evl.bsd@free.fr

ISBN : 979-10-415-2628-4

Dépôt légal : septembre 2023

Imprimé à la demande par Amazon

Tous droits de reproduction, d'adaptation et de traduction, intégrale ou partielle, réservés pour tous pays. L'auteur est seul propriétaire des droits et responsable du contenu de ce livre. Le Code de la propriété intellectuelle interdit les copies ou reproductions destinées à une utilisation collective. Toute représentation ou reproduction, par quelque procédé que ce soit, sans le consentement de l'auteur ou de ses ayants droit ou ayants cause, est illicite et constitue une contrefaçon, aux termes des articles L. 335-2 et suivants du Code de la propriété intellectuelle.

Raconter, c'est se mettre en danger.
Se taire, c'est s'isoler.

Boris Cyrulnik

Que vous pensiez en être capable ou que
vous ne le croyez pas, vous avez raison.

Henry Ford

Ce n'est pas grave si vous avancez lentement
aussi longtemps que vous ne vous arrêtez pas.

Confucius

Préambule

C'est comme un accident de la vie quand brutalement, la phobie de conduire me paralyse.

Après des démarches thérapeutiques pour sortir de cet enfer, je contacte un enseignant de la conduite et de la sécurité routière dans une auto-école. Grâce à un travail régulier basé sur la remise en confiance, la technique et l'investissement personnel, je retrouve le plaisir de conduire.

En déposant sur les pages de ce livre les mots les plus justes et les plus sincères que j'ai puisés au fond de moi, j'invite le lecteur à partager mes tourments et à suivre mon évolution.

Autant dans la société, il est accepté d'évoquer la peur de l'avion, ou encore celle des araignées, autant avouer une angoisse, une dépression ou certaines phobies impose de la prudence et aussi de l'audace. J'aborde donc un sujet un peu tabou.

Le lecteur découvrira qu'en proie à des angoisses, avec de la patience, des actions réparatrices sont possibles. Cependant, je ne propose pas une solution, car toute démarche ne peut être que très personnelle.

L'écriture, en plus de sa fonction thérapeutique, a été le plaisir d'être au plus près de moi. Je sais que la peur isole, si mon livre peut aider ou accompagner, quelqu'un qui traverse dans son quotidien des peurs, ou l'un de ses proches, ce sera alors une satisfaction supplémentaire.

I

Le miroir de mes angoisses

1

LA DÉCISION

J'aimerais pouvoir conduire comme « avant ».
Un espoir persiste au fond de moi et me souffle que je peux encore tenter quelque chose pour y arriver. Alors ma décision est prise : je vais contacter une auto-école.

De retour chez moi après un court trajet en voiture, je me dirige vers mon bureau et m'installe face à l'écran de mon ordinateur. Mon chat préféré Pépino, assis sur le bureau, semble lire en moi le mal-être que je ramène de ma petite sortie sur la route. De son regard pénétrant et approbateur, il m'encourage à aller de l'avant. Je consulte dans l'annuaire la liste des auto-écoles de Saint-Nazaire. Il suffit que l'entreprise me paraisse trop grande ou qu'elle mentionne le permis poids lourd pour que je ne m'y arrête pas.

La peur en particulier des grands espaces et des camions est continuellement en activité souterraine. Elle fait glisser instantanément mes doigts sur la souris qui fait descendre le curseur. Le mental est très fort pour ce type de repérage. Je ne trouve aucune auto-école proposant des cours adaptés aux personnes qui ont peur de conduire. Pour l'une d'entre elles, un commentaire vante une ambiance familiale. Elle attire mon attention, je m'y arrête, ces quelques lignes me rassurent et vont être déterminantes. De plus, cette auto-école a l'avantage de se situer à proximité. Je fais confiance à mon ressenti. Je vais donc essayer.

Il est bientôt midi, mais si je n'agis pas immédiatement dans mon élan, je prends le risque de renoncer à mon idée. Quand une lourde décision finit par être prise, il ne faut pas attendre, tout devient urgent. Je compose le numéro de CONDUIT'OUEST et après quelques sonneries qui me laissent le temps de refaire défiler dans mes pensées les mots à dire et les mots à ne pas dire, je suis en ligne.

Quoi dire exactement ? Comment aborder au téléphone la problématique qui me ronge depuis presque quinze années ?

Je me dois d'être honnête mais prudente. Je ne voudrais pas rater l'éventuelle occasion d'une dernière chance. Mes premiers mots restent gravés dans ma mémoire comme si je les avais prononcés hier. « Je cherche une auto-école qui donnerait des cours de conduite à quelqu'un qui a déjà son permis. »

Je suis consciente de me cacher derrière ce quelqu'un anonyme et de ne pas annoncer vraiment la situation. Le simple oui, que je vais d'abord entendre, résonne comme une ouverture et m'encourage à en dire un peu plus. Je dis que c'est pour moi et que c'est un peu particulier, car j'ai peur.

Dans le but d'alléger le poids que je suppose faire peser sur mon interlocuteur, je précise rapidement que j'ai fait un travail thérapeutique qui m'a aidée, mais qu'il reste un problème qui est peut-être d'ordre technique.

Quand on s'intéresse à la nature du travail thérapeutique effectué, je dis que j'ai fait une analyse ainsi que d'autres thérapies plus courtes. Je rajoute que j'ai peur lorsque je conduis quand ça tourne à gauche en particulier. En parlant de courbes et de virages, quand on me demande une précision, je m'embrouille un peu. Je réfléchis et avoue tout simplement que je n'en connais pas bien la différence.

En me concentrant sur cette question de vocabulaire, je garde le contact tout en me coupant de ce qui tourne en moi et que je retiens. Dans le souci de ne pas affoler, je n'ai pas prononcé le mot phobie qui est plus approprié que le mot peur. Une phobie, c'est tellement irrationnel et incompréhensible ! J'ai appris à modérer les prises de risque non indispensables à ce sujet.

J'ai été écoutée, j'ai échappé aux remarques et aux questions redoutées. Je n'ai ressenti ni méfiance ni jugement, seulement une acceptation de ma demande. Je me suis pourtant exprimée avec beaucoup de maladresse, c'est le propre de ceux qui manquent de confiance en eux. Comment parler de ce qui nous arrive le jour où l'on constate que l'on ne peut plus conduire ?

Un rendez-vous à l'auto-école est pris pour un premier contact et pour quelques formalités.

Tout en me garant, j'observe un groupe d'élèves venus suivre un cours de code de la route. J'attends qu'ils soient tous rentrés pour sortir de mon véhicule. Une honte de la peur que je porte en moi m'oblige à ne pas m'exposer au regard des autres.

Le bureau est accueillant, on me fait asseoir et attendre quelques instants. L'échange que j'entends entre les moniteurs et quelques élèves qui viennent d'obtenir leur code conforte le commentaire relatant une ambiance familiale et laisse entrevoir un investissement sérieux de la part de cette auto-école. Cela me replonge avec une certaine similitude dans ces moments agréables que je partageais avec mes propres élèves après les résultats du baccalauréat quand j'étais professeur. Pendant quelques instants j'oublie ce que je suis venue faire ici.

L'entretien se fait avec Stéphane, un enseignant de la conduite et de la sécurité routière. Ne le voyant pas embarrassé par mes premières révélations, je vais un peu plus loin en mentionnant ma grande peur des camions. Il partage avec moi une petite anecdote d'une situation inconfortable qu'il a vécue avec un camion quelques minutes avant d'arriver à l'entreprise. Cela se passe à quelques centaines de mètres d'ici à l'intersection avec signalisation de feux tricolores. C'est la seule information que j'enregistre. Ensuite je fais un blocage. Mon cerveau est trop occupé à gérer mes inquiétudes, il n'y a plus de place pour donner un sens au reste du récit.

Un rendez-vous est pris pour une première leçon de conduite. Il viendra avec sa voiture auto-école me chercher à mon domicile. J'ai une inquiétude liée au fait que la voiture n'est pas la même que la mienne. On me rassure en me disant qu'elle n'est pas très différente et je sais que je n'ai pas le choix. J'imagine aussi la voiture dans ma rue : ça va se voir. Je chasse vite cette idée, j'assume, d'autant plus que dans le voisinage on connaît un peu mon problème lié à la conduite, et les gens que je connais sont plutôt ouverts.

Une première étape est franchie ; guidée par ma bonne étoile, je viens de faire mes premiers pas sur un chemin inconnu.
C'est dans ma nature d'être partante, cela me permet d'entamer cette démarche sans savoir si, par la suite, je serai amenée à mettre des mots sur l'indicible.

2

L'INDICIBLE

Jusqu'à ce jour où cela est arrivé, je conduisais régulièrement. J'allais souvent dans ma famille à Bouaye et à Nantes, villes situées à une soixantaine de kilomètres. Je faisais des voyages en Corrèze. Tout cela sans problème majeur.

Traverser la France était une aventure agréable pour atteindre Strasbourg, Marseille, Gap, Périgueux…

Empruntant l'autoroute, je suis allée très souvent à Paris, je roulais bien, tout en atteignant les vitesses maximales autorisées.

Que s'est-il alors passé ?

Il y a quinze ans, je pars de Saint-Nazaire avec une amie pour Périgueux. Je conduis pendant presque tout le voyage. Vers la fin seulement, je sens un peu de fatigue et je laisse le volant. Nous arrivons dans la journée, et je passe la nuit à Périgueux.

Le lendemain matin, comme prévu, je laisse mon amie dans sa famille, et je repars seule dans la mienne en Corrèze. Les nombreux travaux entre Périgueux et la Corrèze m'amènent à diminuer souvent ma vitesse. Il m'arrive de ne pas me sentir très à l'aise, mais je finis par arriver.

Je suis en famille. Parfois les mots peuvent nous atteindre au plus profond de notre existence et une goutte d'eau peut faire déborder le vase. Fidèle à mon tempérament, au lieu de réagir, je me résigne à subir lors de désagréments. Je suis fatiguée, et la nuit je ne trouve pas le sommeil.

Le lendemain, mon amie me rejoint par le train en Corrèze. Les contrariétés, les tensions internes, mon manque de sommeil la nuit suivante… je ne récupère pas. Nous repartons pour Saint-Nazaire le matin suivant.

Dans les petites routes ombragées et sinueuses, tout se passe bien. Mais quand j'arrive sur une route plus importante, je commence à sentir que quelque chose ne va pas. Je roule au-dessous de la vitesse autorisée et je ne peux pas aller plus vite. J'arrive derrière deux motocyclettes qui sont l'une derrière l'autre et cela me paraît un monde de devoir les doubler. Je le fais, mais je me demande comment j'y suis arrivée. Je continue la route sur une deux fois deux voies, il y a peu de circulation.

Le ciel est d'un bleu intense et je me sens presque agressée par la forte luminosité du soleil. Je ne maintiens pas facilement ma voiture dans sa voie. La peur m'envahit. Mon angoisse est de tomber dans le contrebas, alors j'exerce une contre-force sur le volant et ma voiture va un peu sur la gauche. Je voudrais m'arrêter, mais j'ai très peur d'aller à droite. Je ne sais pas si je vais y arriver ou si ma voiture va tomber ou heurter un talus. J'ai peur d'aller trop à gauche malgré moi, mais j'ai peur aussi de me placer plus à droite, comme si je risquais d'être aspirée. Je reste silencieuse, mais j'ai très peur.

L'amie qui m'accompagne me demande si ma voiture a un problème. Cela me soulage qu'une question me soit posée et je sais que la réponse est non, mais je dis que je ne sais pas et que je vais m'arrêter. Je m'y prépare, à l'idée de m'arrêter, depuis un moment, mais c'est difficile, contrairement à ce que l'on pourrait penser. Je ne le vis pas comme un soulagement. Il m'est aussi difficile de m'arrêter sur le bas-côté, qui est assez large pourtant, que de continuer à rouler. Je ne réagis plus normalement.

M'arrêter : c'est changer d'abord un peu la trajectoire en allant sur la droite et j'ai l'impression que je ne peux pas le faire. Je ne sais pas non plus si je vais réussir à immobiliser la voiture. J'ai une crise de panique ! La première.

Mon amie prend ensuite le volant pour le retour vers Saint-Nazaire.

De retour à Saint-Nazaire, je récupère après quelques bonnes nuits de sommeil. Je suis en vacances, je n'ai pas de pressions extérieures. Je reprends mes habitudes parmi mes petits protégés : mes chats que j'ai retrouvés et que je n'aime pas trop quitter. J'essayais de ne pas trop penser à eux, j'étais inquiète, comme s'il allait leur arriver quelque chose pendant mon absence.

Malgré le repos, avant même de reprendre le volant, j'ai comme un mauvais pressentiment ; au fond de moi, quelque chose n'est pas réglé.

Je vais percevoir très vite qu'au niveau de la conduite, cela ne revient plus comme avant.

Le pont de Saint-Nazaire

Le pont de Saint-Nazaire est un spectaculaire pont à haubans. C'est le plus long de France, il mesure 3356 mètres et atteint une hauteur de 68 mètres. Il permet de traverser l'estuaire de la Loire en reliant la ville de Saint-Brevin-les-Pins à la ville de Saint-Nazaire. Pour l'éviter, la seule solution est de faire un grand détour de 120 km en passant par Nantes.

Je garde un souvenir très précis et très angoissant d'une traversée de ce pont, nécessaire pour rentrer chez moi. Avant d'accéder au pont, j'ai déjà des difficultés qui m'obligent à m'arrêter souvent pour ensuite repartir un petit peu mieux. Sur le pont lui-même, je vis l'horreur.

Je veux rester sur la file de droite évidemment, mais j'ai très peur d'aller trop à droite. Je sens que je vais alors un peu à gauche et j'imagine à chaque instant que je vais traverser le pont et finir tout à gauche dans le parapet. J'ai des palpitations, des picotements dans les mains et dans la nuque. Je roule très doucement sans avoir l'idée de mettre mes feux de détresse. À chaque instant, je ressens que je ne vais pas tenir et que je ne vais pas pouvoir continuer ainsi. Je vais perdre le contrôle !

Je me mets à espérer que l'on vienne à mon secours, que la police passe et m'arrête pour enfin mettre fin au supplice. En même temps, je ne me sens pas en mesure de me garer immédiatement à droite si on me le demande. C'est comme le jour de mon départ de Corrèze, continuer ou m'arrêter, c'est prendre un risque vital et fatal dans un tel état de panique. Mon mental est piégé dans un engrenage et aucune pensée raisonnable ne peut l'arrêter. Je suis très tendue physiquement.

Je réussis la traversée avec une vitesse maximale de 40 km/h alors qu'elle est limitée à 70 km/h. Je trouve que j'ai beaucoup de chance de m'en sortir.

La traversée du pont devient ensuite un objectif irréalisable, un lieu infranchissable. Je ne veux pas revivre cela !

Changement de voiture

Pour m'aider à tourner la page, je m'achète une nouvelle voiture. Une amie me conduit au garage pour prendre possession de mon véhicule neuf. Elle me suit sur la deux fois deux voies entre Pornichet et Saint-Nazaire, sur une dizaine de kilomètres, au cas où j'aurais de nouveau des difficultés.

Je suis contente de bien rouler sans être envahie par la peur. Mais c'est trop beau ! Tout près de chez moi, sur une petite route au niveau des étangs de Guindreff, je ressens de nouveau une peur paralysante qui m'oblige à m'arrêter. Je ne peux pas repartir.

Je suis obligée de faire appel à mon amie pour organiser mon retour chez moi.

Un retour Nantes–Saint-Nazaire

Par souci de m'en sortir, de ne pas céder à l'enfermement que provoque ma phobie de conduire, et pour me prendre en main, je m'oblige à faire quelques déplacements malgré la peur.

Pour l'un des retours, je pars de Nantes vraiment sereine et confiante. Il fait encore jour et j'imagine que toutes les conditions sont favorables à une conduite plutôt tranquille. Le début se déroule bien, puis à la sortie de Nantes, je suis bloquée par un bouchon dû à un accident. Je reste longtemps à l'arrêt et la nuit commence à tomber. La peur me gagne, mais ce n'est pas à cause de l'accident ni de l'attente. J'ai peur quand j'imagine qu'il va faire noir lorsque je vais repartir.

J'ai la possibilité de sortir vers Saint-Étienne-de-Montluc par une route à double sens de circulation, mais si je ralentis, pour les voitures qui seront derrière moi, ce sera plus difficile de me doubler. Alors je reste sur la deux fois deux voies qui finit par se débloquer et qui ensuite se transforme en un véritable cauchemar.

J'ai peur, je ralentis, je suis rattrapée par des camions qui me collent et qui me doublent. Je roule de plus en plus doucement et j'ai l'impression que même en réduisant ma vitesse, rien ne change. J'ai le sentiment que ma voiture ne va pas rester dans sa voie. Quand je n'en peux plus, je m'arrête sur la voie d'arrêt d'urgence. Je me ressaisis, la panique retombe un peu. Quand je repars, il y a du mieux, mais cela ne dure pas. Je reproduis plusieurs fois ce cycle jusqu'à Saint-Nazaire.

L'arrivée chez moi est alors une délivrance, mais j'ai du mal à m'en remettre. Je me dis que je ne suis pas près de recommencer ce trajet.

Je me blottis auprès de mes petits protégés. Ils semblent ressentir ma détresse et m'offrent en réconfort leur mystérieux et apaisant ronron quand je leur parle en les caressant. Ils ne savent pas quels supplices j'ai dû subir.

3

SUPPLICES PSYCHIQUES ET PHYSIQUES

En dehors des quelques épisodes de réelle panique pendant la conduite, une angoisse profonde et presque permanente s'installe sur la route quand je suis au volant. Le plaisir de conduire disparaît complètement. Si je dois utiliser mon véhicule par nécessité, cela devient intérieurement le parcours du combattant, avant et pendant.

Si possible, en priorité, je choisis l'évitement, sinon j'angoisse rien qu'en y pensant. Je cherche des trajets qui vont me faire éviter la deux fois deux voies. Par exemple pour aller seulement au garage de Trignac pour l'entretien de mon véhicule.

Je regarde sur un plan le trajet que je vais être amenée à suivre surtout pour ne pas être surprise par la configuration des routes. J'ai besoin de savoir s'il y a des virages, comment se présente l'échangeur qui va me permettre de rentrer ou de sortir.

Pourtant bien en sécurité devant mon ordinateur, mes recherches font renaître dans mon corps les symptômes qui accompagnent mes angoisses. Je ressens des picotements dans la nuque, ils finissent par disparaître lorsque j'arrête d'anticiper.

Cela me prend la tête, je perçois tout comme un danger potentiel. Des pensées et des images inquiétantes m'envahissent et me paralysent. Sur la route, j'ai l'impression que je vais être aspirée par les côtés. J'ai peur de mourir à chaque instant.

La phobie de conduire et l'agoraphobie : la peur des espaces ouverts et des lieux publics, s'entremêlent. Je me demande parfois laquelle des deux induit l'autre.

À pied, j'évite les grands espaces, les grandes surfaces, la foule, le bruit, les sorties... La peur entretient l'isolement et l'isolement entretient la peur.

Les troubles s'accompagnent parfois d'une impression de vertiges et d'un risque de perte d'équilibre. Certains détails de modification dans la vie courante s'imposent à moi pour me rassurer, j'ai par exemple déplacé mon lit pour le bloquer contre le mur de ma chambre.

Dans mon travail professionnel, j'arrive assez bien à mettre de côté mon problème. J'enseigne les mathématiques, c'est rationnel, donc c'est rassurant. Je m'investis beaucoup auprès des élèves avec pour objectif principal de ne surtout pas en perdre, c'est-à-dire d'éviter leur décrochage. En fin de carrière, cela se complique pour des activités extérieures à l'établissement scolaire.

Avant de prendre la route, je sens monter le stress. Quand je suis sur la route, la peur engendre des palpitations cardiaques et des picotements que je ressens surtout dans la nuque et un peu dans les mains. Quand je m'arrête, mes mains tremblent.

Ces sensations désagréables sont une terrible épreuve physique. Mon corps fait d'énormes efforts, il lutte pour me sortir de la situation. C'est comme s'il était dans un état d'alerte permanent, même quand l'angoisse ne va pas jusqu'à l'état de panique. Je dépense beaucoup d'énergie et cela provoque de l'épuisement.

Normalement, mon cerveau devrait savoir donner des informations simples à mon corps pour que je reste bien dans ma voie de droite, pour que je tourne correctement sans me poser trop de questions.

C'est comme si mon cerveau s'était déprogrammé, il ne transmet plus les informations que mon corps devrait recevoir pour simplement faire garder la route à la voiture que je conduis.

Quand je panique dans une ligne droite ou dans une courbe, j'ai l'impression d'exercer sur mon corps les forces que ma voiture ne fournit plus par manque de transmission directe de mon cerveau vers mon corps.

Je ne sors plus en voiture sans utiliser des gouttes du docteur Bach contre le stress et l'angoisse. J'en prends avant de partir et j'ai un spray d'urgence dans ma voiture prêt à être utilisé en cas de panique.

Je ne me résigne pas à la situation, je n'hésite pas à multiplier des démarches thérapeutiques qui peuvent m'apaiser.

4

DÉMARCHES THÉRAPEUTIQUES

À mon retour de la Corrèze, après cette première expérience de panique, je consulte rapidement. Je souhaite m'en sortir, je suis à la recherche de la clé de cette énigme qui me dépasse complètement et qui amplifie chaque jour mon ressenti d'isolement. J'effectue de multiples démarches complémentaires.

Le généraliste

Mon parcours commence par une visite chez un généraliste remplaçant que je ne connais pas. Je résume ce que j'ai vécu sur la route, je suis écoutée et des antidépresseurs me sont prescrits. Je ne veux pas m'en contenter et j'exprime mon besoin de comprendre. Je repars avec une référence pour un travail psychologique.

Le centre médico-psychologique

Je me rends au centre médico-psychologique de Saint-Nazaire. L'accueil est plutôt chaleureux. Je rencontre une infirmière psychiatre qui, après quelques entretiens, me conseille de faire une analyse. Je vois quelque temps une psychiatre puis je me dirige vers un psychanalyste.

Je fais huit années de psychanalyse. Le travail sur le divan est une longue expérience peu commune. Accompagnée par le psychanalyste, je fais un voyage intérieur enrichissant sur le plan personnel. Je parle beaucoup de mes peurs en voiture et cela m'amène souvent à évoquer d'autres peurs anciennes et profondément enfouies. Elles ont fait des dégâts, et ont sans doute préparé un terrain favorable à la phobie de la conduite. Les causes de mes phobies sont multiples et profondes.

Le neurologue

Il me rassure, mon état est tout à fait normal. Il me parle du cas d'un conducteur de camion auquel un tel état de panique est arrivé, du jour au lendemain il ne pouvait plus conduire. Ce camionneur, je ne le connais pas et je ne le rencontrerai jamais, malgré tout, je ressens comme un léger réconfort, car ma peur est partagée. À petite dose, il contribue à rompre l'isolement.

L'hypnose

Je fais quelques séances d'hypnose, j'avoue que j'ai un peu peur avant de commencer. Pendant les séances, l'état de conscience est modifié, mais je suis toujours consciente, c'est rassurant. Cela me fait du bien, cela m'aide aussi pour la conduite, mais seulement à très court terme.

L'orthoptiste

Je fais des séances d'orthoptie ; les problèmes liés à ma vue sont très peu significatifs. Je suis écoutée et prise en considération de façon très attentionnée.

Le podologue et posturologue

C'est une personne très à l'écoute. Il me fait un bilan intéressant et important sur mon manque d'équilibre physique. Je porte des semelles qui m'aident à rectifier ma posture.

L'orthodontiste

La peur fait serrer presque continuellement les dents, cela a des conséquences sur les mâchoires et sur la déglutition. Je fais un travail important avec l'orthodontiste qui est très à mon écoute dans la globalité de ce que je suis et de ce que je vis.

Gymnastique posturale

En recherche d'un meilleur équilibre physique, je travaille la prise de conscience des tensions corporelles, je les apprivoise, j'apprends à mieux respirer, à mieux me tenir et à mieux marcher. Souvent, je travaille aussi le regard. Tout ceci dans une ambiance d'acceptation de chacun et avec des conseils personnalisés.

L'ostéopathe

Plusieurs fois, je consulte une ostéopathe. Je suis écoutée chaleureusement et après un travail de détente je ressors plus centrée sur moi, plus sereine et reposée.

L'oto-rhino-laryngologiste

Je fais un bilan ORL, je n'ai rien de très significatif.

L'aloe vera

J'utilise beaucoup les produits à l'aloe vera pour renforcer mes défenses immunitaires. Les oméga-3 m'ont d'abord aidée à arrêter les antidépresseurs. Je suis conseillée et encadrée par des personnes à l'écoute et positives.

Fleurs du docteur Bach

Les élixirs des fleurs de Bach sont recommandés pour soulager les troubles émotionnels. Avant de sortir, je prends quelques gouttes qui combattent l'angoisse et dans la voiture je garde un spray en cas d'urgence.

Médecin généraliste

Je peux toujours compter sur la relation de confiance établie avec mon médecin généraliste. Dans les moments plus difficiles, il prend le temps de m'écouter avec bienveillance et sait trouver les mots qui me permettent de repartir plus sereine.

Je ne peux que remercier toutes les personnes à l'écoute et sans jugement qui m'ont apporté leur aide dans leur domaine spécifique et qui m'ont accompagnée.
Je réfléchis et m'interroge sur l'existence d'un probable terrain favorable à mes phobies.

5

UN TERRAIN FAVORABLE

À la question : « Pourquoi cela m'est-il arrivé ? », si je n'ai pas de réponse simple et précise, j'ai cependant quelques éléments de réponse. Il me vient parfois la comparaison avec une cocotte-minute.

J'ai accumulé beaucoup de peurs, d'inquiétudes et d'angoisses depuis très longtemps. À un moment donné, il y a un trop-plein sur le plan émotionnel et un concours de circonstances aggravantes presque simultanées fait se soulever la soupape de sécurité et rien ne va plus. L'inconscient dit stop au stockage et met l'alarme en marche.

Ma propre nature et ma vie créent et cultivent ensemble un terrain favorable.

Je suis d'abord d'une nature timide et réservée avec un manque de confiance en moi. Je ne m'impose pas facilement. Je me sens souvent différente et hypersensible. J'ai longtemps défini à tort ces ressentis comme une anormalité que j'avais besoin de cacher en me taisant. Me taire est une défense, cela empêche la relation spontanée aux autres et l'affirmation de mes désirs. J'ai souvent eu l'impression de venir d'une autre planète et de ne pas connaître les codes de la communication avec les autres.

La peur de m'affirmer entraîne une difficulté à dire non et à contredire. Je me compare parfois à une éponge qui ressent et absorbe les émotions des autres. La peur de blesser est souvent dressée entre l'autre et moi. Cela n'empêche pas de ressentir de la colère, mais un filtre en empêche l'expression. Pour ne pas ressentir l'émotion de l'autre, je suis habituée à faire très attention à ce que je dis. Je cherche beaucoup à éviter les conflits.

J'ai privilégié une vie professionnelle assez passionnée au détriment d'une vie affective. Pour la vie affective, ce n'est pas véritablement par choix, mais par évitement. Pour la vie professionnelle, contrairement à ce que l'on pourrait imaginer, je n'étais pas un professeur en manque d'autorité, je savais m'affirmer devant mes élèves. Mon travail avec eux était basé sur la confiance, et le respect mutuel.

Je sais aussi que les points faibles de ma personnalité pouvaient devenir des points forts dans l'accompagnement des adolescents pour lesquels tout ne coulait pas de source.

J'ai beaucoup donné de mon temps et de mon énergie volontairement par conviction et par passion. Ce n'était pas la matière elle-même que j'enseignais qui me passionnait même si je l'aimais, c'était la recherche et la création d'une pédagogie adaptée pour favoriser l'implication et la réussite des élèves qui m'étaient confiés.

En retraite maintenant, je devrais pouvoir prendre de la distance et m'accorder du temps de repos. C'est le moment d'entamer sereinement une nouvelle partie de ma vie.

6

L'ÉTAU SE RESSERRE

Depuis mon départ en retraite début juillet, j'ai eu largement le temps de me reposer. J'ai beaucoup aimé mon métier de professeur de mathématiques, mais j'ai dû lutter contre une période d'épuisement en fin de carrière.

Les phobies, les angoisses que je connais en voiture commençaient à grignoter du terrain et à exercer leurs méfaits dans le domaine du travail quand je devais me déplacer. L'agoraphobie prenait de l'expansion.

À cette même époque, j'ai aussi terminé un travail thérapeutique d'analyse que j'avais repris après une période d'arrêt.

En ce joli mois d'octobre, tout ceci prend une couleur de passé. Ce début d'automne 2015 est agréable, on le qualifie d'été indien. Assez tranquille et confiante, je suis tentée par une sortie en voiture. J'appréhende un peu, mais de bonnes conditions semblent réunies pour une petite aventure en voiture.

Je décide donc d'aller à Bouaye chez ma sœur. C'est à environ cinquante minutes de chez moi en roulant normalement.

L'aller se passe sans état de panique, mais il y a de la peur. Je m'arrête régulièrement pour laisser passer les véhicules qui sont derrière moi, le sentiment de gêner est très présent, à juste titre sans doute puisque la peur me fait ralentir. Si c'est un camion qui est derrière, j'ai vraiment peur et je cherche très vite à m'arrêter. Je ne suis pas à l'aise du tout dans les virages vers la fin du trajet, mais je m'en sors. J'arrive en étant plutôt contente de ne pas avoir eu de crise de panique qui me paralyse complètement.

Arrivée à destination, au fur et à mesure que le temps passe, même si cela ne se voit pas par ceux qui m'entourent, je suis envahie par des pensées de peur concernant le retour.
Mon cerveau a enregistré que plusieurs retours s'étaient mal passés et il m'envoie un signal de rappel à répétition. Même si je participe à la conversation, en parallèle je suis comme parasitée.

Les petites routes du début du retour sont tranquilles, mais assez vite j'accède à la route départementale 751 en direction de Pornic. Je m'y sens très mal, il y a trop de voitures, elles vont vite, je ne peux pas rouler parmi les autres, la panique me prend, la route est trop importante, la circulation aussi, il me faut une route plus secondaire.
Je prends la première sortie, j'arrive alors sur une route beaucoup moins passagère, cependant les virages me font ralentir énormément, en plus je ne sais pas bien où je suis et mon GPS ne m'aide pas beaucoup.
Je m'enfonce dans la campagne et en même temps je suis prise dans un état de forces que je connais déjà et que je ne comprends pas. Je ne peux rouler que très lentement et je suis un obstacle pour tout véhicule qui arrive derrière moi. Je m'arrête continuellement. Je me gare sur un talus à l'intersection de deux petites voies, un tracteur arrive et me klaxonne, je ne suis bien nulle part ni sur la voie ni à l'arrêt.

Je repars après quelques instants tant bien que mal. Je ne sais pas comment je garde la route, c'est de l'ordre du miracle. Il doit bien s'écouler presque deux heures avant que j'aborde le pont de Saint-Nazaire.

Sa traversée est pour la deuxième fois un cauchemar. Je roule à 40 km/h au maximum pour une vitesse de 70 km/h autorisée. Mais cette fois-ci je pense à mettre les feux de détresse. Je simule un problème technique afin que l'on ne s'énerve pas derrière moi. C'est un nouvel épisode d'attaque de panique.

Ce qui ne va pas me dépasse. C'est comme une force plus forte que moi, une force qui ne laisse pas ma voiture rouler parmi les autres, une force qui me fait freiner, une force qui me fait sentir qu'il est aussi difficile de m'arrêter que de continuer. Une force qui ne laisse pas mon véhicule dans sa voie, une force qui m'empêche de tourner correctement dans les virages…

Je pensais vraiment que les conditions étaient réunies pour une réussite de conduite. Ce que j'ai espéré s'écroule de nouveau malgré tout mon investissement pour m'en sortir. Je me suis trompée, cela me rattrape.

Quelqu'un me conseille une autre démarche.

7

NOUVELLE DÉMARCHE THÉRAPEUTIQUE

En ce début d'année 2016, après l'échec de ma dernière tentative de conduite à l'automne dernier, je cherche encore une solution. Je me tourne vers une autre démarche thérapeutique, je consulte de nouveau.

Il s'agit de l'EMDR (Eye Movement Desensitization and Reprocessing), c'est-à-dire la désensibilisation et le retraitement de l'information par un mouvement oculaire. L'espoir revient, je fais un travail thérapeutique intéressant et concret.

Conduire en empruntant la voie directe pour aller à Trignac me semble plus naturel. C'est un exploit, car pour y aller ces derniers temps, je ne pouvais que prendre des petites routes pour éviter à tout prix la deux fois deux voies. Pour certaines courbes, c'est mieux, cela me plaît bien.

Je retourne pour la première fois à Bouaye depuis l'automne où cela avait été très difficile. Pour cela, je prends beaucoup de petites routes et je traverse de nombreuses agglomérations. Je mets le double du temps nécessaire, mais au moins je ne panique pas.

Je fais d'autres petits trajets vers Pornic et même Savenay. Je refais aussi Bouaye par la route directe. Je suis très contente de retrouver surtout un peu l'envie de rouler et de le faire même si cela m'épuise.

La thérapie que je fais est une thérapie courte, et quand j'arrive à la dernière séance, malgré certains points positifs, je mentionne que quand je vais un peu plus loin, je sens que quelque chose ne va toujours pas. J'ai retrouvé l'envie de conduire depuis la dernière grosse crise de panique, mais je combats toujours contre la peur.
Ce que je continue à ressentir n'est pas normal, c'est insoutenable. C'est comme si j'étais sûre avant certaines courbes de ne pas pouvoir les réussir et que cela allait être fatal.
Fatal, oui, en effet, je combats contre la peur de mourir à chaque instant. J'imagine que je vais perdre le contrôle. Ma voiture va partir tout droit si je suis dans un virage, et elle va partir de côté si je suis dans une ligne droite. Je ne comprends pas. Je résiste beaucoup pour que cela n'arrive pas, c'est l'épuisement total quand je suis dans cette situation. J'ai peur. Je suis un danger pour moi et pour les autres. J'aurais aimé sentir que le problème était résolu. J'ai pourtant tout fait pour et on m'a aidée.

À la suite de cette démarche, je réalise que j'ai tout essayé sauf une aide sur le terrain, c'est-à-dire en conduisant en auto-école. Personne ne m'a jamais aiguillée vers cela. Un jour cependant, un ami bienveillant avait suggéré que je devrais peut-être prendre quelques leçons de conduite.

Il m'est arrivé en effet d'évoquer ma phobie de conduire, plus ou moins clairement, car je surveille la réaction de celui qui entend avant de prendre le risque de développer davantage. J'ai rencontré plusieurs réactions :

- Celui qui entend et ironise en disant que ce n'est qu'une question de volonté ;
- Celui qui n'y prête pas vraiment attention, il n'a peut-être pas compris ou au contraire cela lui rappelle ses propres peurs ;
- Celui qui entend seulement le mot peur, qui saisit l'occasion pour enfin exprimer certaines peurs au volant parmi les autres conducteurs ;
- Celui qui comprend, qui entend vraiment de quoi je parle, car lui-même ou l'un de ses proches est sujet à d'autres angoisses ;
- Celui qui entend sans forcément comprendre, mais qui reste dans le respect de ce que j'évoque ;
- Celui qui est acceptant, bienveillant et sans jugement.

J'avais laissé l'idée de leçons de conduite de côté. Jusqu'au jour où je contacte CONDUIT'OUEST en mai 2016 après ma dernière démarche thérapeutique.

II

Les méandres de ma conduite

1

PREMIERS PAS EN AUTO-ÉCOLE

À neuf heures, ce vendredi matin de printemps 2016, une voiture auto-école Conduit'Ouest s'arrête devant chez moi, il s'agit d'une Citroën C3. Une semaine s'est écoulée depuis mon entretien avec Stéphane, enseignant de la conduite et de la sécurité routière. Quelques rapides recherches d'informations techniques sur la C3 qui ne m'est pas familière m'ont plutôt rassurée : en particulier, elle n'est pas plus longue que ma Seat Ibiza. Cela reste cependant inquiétant, car c'est un véhicule que je n'ai pas l'habitude de conduire.

Le jour à la fois attendu et redouté est donc arrivé. Je sors en surveillant mon cher chat blanc Pépino couché sous un arbuste dans le jardin. Il pourrait saisir l'occasion de cette belle matinée de mai pour aller sur la route. Stéphane m'invite à prendre place côté conducteur. Je suis alors assise à côté de quelqu'un que j'ai rencontré une seule fois, je ne le connais pas. Comment va-t-il réagir quand je vais être confrontée à mes peurs ?

Le moment d'agir est maintenant.
Il n'est jamais trop tard pour faire quelque chose.

Antoine de Saint-Exupéry

Avant de démarrer, je dois régler la position du siège et des rétroviseurs. Ce n'est déjà pas un exercice facile étant donné que dans ma voiture, j'évite de dérégler quoi que ce soit pour ne surtout pas perdre mes repères. Même si je prends le temps nécessaire pour les réglages, je n'ai aucune conviction sur le résultat, je termine en restant dans le doute.

On démarre et il me dit que l'on va commencer par prendre des petites routes dans la campagne. Je pense à mes angoisses sur les routes plus importantes. Je me dis que les conditions proposées ne vont peut-être pas mettre en évidence le problème réel que j'ai et que je n'ai pas encore vraiment décrit. J'ai la tête pleine de questions, mais je sais que je ne vais pas dire grand-chose si je n'y suis pas invitée et surtout si j'imagine que je transmets ma peur.

Taire le cœur du problème permet de ne pas précipiter le risque d'inquiéter et de s'entendre dire que ce n'est pas du ressort d'une auto-école. Il s'agit d'éviter d'être trop vite rejetée avant d'avoir au moins essayé, ou de sentir que je suis un poids pour la personne qui m'accompagne. Je suis plutôt silencieuse. Je tente de poser une question sur ce que je dois faire si j'ai peur. Stéphane me dit de parler, de dire ce qui se passe. Nous sortons de Saint-Nazaire et roulons vers Saint-André-des-Eaux qui se situe à une quinzaine de kilomètres.

Il fait une remarque sur ma conduite. Il me dit que j'alterne continuellement entre le frein et l'accélérateur en particulier avant les ronds-points. Cette remarque faite comme un simple constat dénué de tout jugement, de tout étonnement et de tout agacement me rassure beaucoup. Je réalise que ce qu'il décrit est une réponse à la peur : j'accélère pour y aller et je freine pour ne pas y aller. Il me montre comment arriver en douceur en seconde à un rond-point.

Quand on roule, je me mords les lèvres et l'intérieur des joues, je lutte contre une peur continuelle qui se traduit par du freinage et un ralentissement excessifs. Je suis très au-dessous des vitesses maximales autorisées, je roule à peine à 60 km/h alors que la vitesse est limitée à 90 km/h. Parfois, Stéphane accélère un peu et cela me fait très peur. J'ai envie de lui crier d'arrêter, de ne pas accélérer, je lui dis seulement que je vais le faire. Honnêtement, je n'ai aucune envie de le faire, j'essaye simplement de gagner un peu de temps, en espérant que je me sentirai mieux un peu plus loin.

Mon idée première que sur des petites routes, on ne va pas voir le problème est un peu surprenante. Je me souviens de ce jour où, à l'automne dernier, j'avais dû quitter la route départementale pour m'engouffrer dans des petites routes de campagne. Des forces incontrôlables de la peur continuaient leur action et m'obligeaient à m'arrêter continuellement.

Avant la fin de la leçon, on s'arrête. À ma grande surprise, je ne sais ni où l'on est ni quelles routes on a empruntées. L'état de tension dû à la peur de conduire un véhicule inhabituel sous le regard de quelqu'un que je ne connais pas et qui ne me connaît pas rend cet endroit complètement inconnu. Je perds tout sens de l'orientation. Je réalise en redémarrant que l'on était au bord du Bois-Joalland, un lieu qui m'est plutôt assez familier. J'oublie entièrement ce qui se dit pendant cette pause.

Cette leçon met déjà en évidence ma peur de la vitesse, pas d'une vitesse excessive, mais d'une vitesse normale. À la fin de la leçon, je ressens un soulagement et me dis intérieurement que cela s'est bien passé. En fait, j'essaye surtout de me rassurer, car raisonnablement, on ne peut pas dire que j'ai bien conduit, j'ai beaucoup trop freiné un peu partout. Il est vrai que je n'ai pas créé d'accident, mais c'est surtout que je n'ai ressenti ni énervement ni humiliation à mon égard. Cependant j'ai acquis la conviction que mes difficultés concernant ma conduite ne sont pas passées inaperçues.

Au moment où je me demande si on va prendre un autre rendez-vous, Stéphane dit qu'il va me rappeler. Mon interprétation est qu'il va réfléchir à ce qu'il a déjà constaté, même si c'est loin de représenter l'ensemble du problème, et que cela va peut-être l'amener à abandonner.

Il y aura un deuxième rendez-vous, puis un troisième…

Les premières leçons de conduite me permettent de faire un état des lieux des fautes techniques de ma conduite. Quand j'ai peur dans les virages et dans les courbes à gauche en particulier, Stéphane me fait remarquer que je pousse le volant vers la gauche avec ma main droite au lieu de tirer seulement le volant avec ma main gauche.

Dans l'espoir de m'en sortir, je me suis parfois obligée à conduire. Les crises de panique répétées et l'obstination personnelle ont détruit les bons réflexes acquis lors de l'apprentissage de la conduite. Elles ont tissé une technique de secours complètement inadaptée et aggravante.

Stéphane m'explique le cercle vicieux :

– la panique met en place une technique inadaptée ;

– la technique inadaptée ne permet pas au véhicule de donner une bonne réponse ;

– la mauvaise réponse apportée par le véhicule augmente la peur…

Je n'avais pas pensé par moi-même à cet enchaînement logique des faits.

Je regarde aussi continuellement dans le rétroviseur intérieur avec la peur de voir un véhicule derrière moi et trop près. J'ai peur d'être collée, surtout par un camion. La peur de gêner me semble au centre de cette surveillance continuelle.

Dès les premières leçons, j'apprends beaucoup sur ce que je fais qui aggrave la situation et que je ne vois pas. Des réponses techniques me sont apportées pour y remédier. Cela ne veut pas dire que c'est facile à mettre en place, mais j'essaye. Je vois rapidement que chaque leçon m'apporte des fragments d'amélioration et cela crée l'espoir de m'en sortir un jour.

Je ne compte pas sur un miracle, mais il va presque s'en produire un.

2

LEÇON PRESQUE MIRACULEUSE SUR LA ROUTE BLEUE

En auto-école, nous laissons les petites routes de campagne et prenons la RD 213, dite la Route bleue, en direction de La Baule. Il s'agit d'une deux fois deux voies. Sur certaines de ses portions, la limitation de vitesse est de 90 km/h et sur d'autres elle est de 110. J'ai peur de m'insérer, je roule très doucement et avec beaucoup d'hésitation, j'ai peur des camions, j'ai peur de doubler et j'ai peur de rouler à la vitesse autorisée. Intérieurement, je ressens l'envie de freiner et de ralentir, de prendre la sortie et de m'arrêter.

Je reste silencieuse. Je ne peux pas dire qu'il m'arrive d'avoir l'impression que je ne vais pas rester sur ma voie. Je ne peux pas dire que la peur est alors si forte qu'elle m'oblige à quitter la route ou à m'arrêter. Je ne peux pas exprimer toutes ces pensées paralysantes, tout cela risquerait de paraître bien effrayant et incompréhensible.

Stéphane, qui observe mon malaise, dit calmement qu'il va me montrer comment on fait. On prend une bretelle de sortie, et je me demande ce qu'il compte faire, ce qui crée une peur supplémentaire. On refait le même trajet, j'ai toujours la place du conducteur, mais c'est lui qui prend toutes les commandes : le volant, la boîte de vitesses et les pédales. On refait ainsi l'insertion, on roule sur la voie de droite puis on double un camion et on sort. Pendant toutes ses manœuvres, il commente ce qu'il fait.

Je ne fais rien apparemment. J'observe, je ne me sens pas passive pour autant, je suis bien présente et je suis très étonnée par ce que je ressens. Je vois Stéphane agir tranquillement avec précision, rigueur et clarté dans cette mise en situation. Il est concentré sur la technique, tout semble simple et aller de soi.

J'intègre non pas intellectuellement, mais dans le ressenti ce qu'il me montre, c'est comme si je retrouvais un langage oublié. Je comprends comme par une sorte d'évidence interne, je vis un moment de réappropriation de ce que j'ai perdu.

Aussitôt je reprends les commandes pour refaire le même trajet. Je roule plus vite, je double un camion, j'ai beaucoup plus d'assurance et j'oublie la peur de perdre à chaque instant le contrôle de la voiture sur cette ligne droite. Le changement me paraît spectaculaire.

Mon cerveau semble avoir retrouvé une programmation perdue ou alors il est en train de se reprogrammer. J'ai fait confiance, je me suis sentie respectée sans aucun jugement sur mon malaise sur la route. Il aurait été facile pourtant de me rabaisser et de m'humilier. Mais il n'y a rien eu de tout cela, Stéphane est resté très neutre et très professionnel.

Je comprends cela comme la réussite d'une communication très implicite qui ne passe pas par une compréhension intellectuelle. Je « vois » avec une grande simplicité ce qu'il suffit de faire.

Connaître ce n'est point démontrer, ni expliquer.
C'est accéder à la vision.

Antoine de Saint Exupéry

Montoir-de-Bretagne

Après cette leçon, la motivation m'encourage à m'entraîner en dehors des conduites en auto-école. J'y vais très progressivement. D'abord, j'emprunte plusieurs fois la nationale 171, une autre deux fois deux voies, pour atteindre Montoir-de-Bretagne qui est situé seulement à treize kilomètres. Il m'arrive de prolonger jusqu'au lieu-dit Les Six Croix, c'est trois kilomètres plus loin.

Si je sens monter un manque de confiance qui pourrait conduire à un état de panique, je prends une bretelle de sortie. Pour m'aider à surmonter ma peur, avant de partir, je prends des gouttes des fleurs du docteur Bach contre le stress. J'ai aussi le spray d'urgence dans la voiture, prêt à être utilisé si l'angoisse monte.

En général, pour l'aller, la peur est là, mais je la surmonte. Lors du retour j'ai davantage de mal. J'ai l'impression de lutter contre l'idée que ma voiture pourrait traverser la voie même si je ne ressens rien de tel. Il y a des courbes à gauche qui rajoutent un niveau d'inquiétude. La peur augmente quand je prends la sortie vers La Baule avant Saint-Nazaire, cette sortie tourne beaucoup à droite avec une vitesse autorisée élevée que je suis loin d'atteindre. Les fourmillements dans les mains et dans la nuque renforcent la peur, mais cela ne se transforme pas en réelle angoisse.

À l'arrivée, mes mains tremblent. Je suis contente cependant d'avoir réussi sans paniquer. Je profite bien des progrès effectués sur la Route bleue en auto-école.

Pendant la leçon de conduite qui suit, j'évoque les progrès que je ressens en entraînements en précisant que néanmoins, la peur demeure importante dans une certaine courbe sur la Route bleue. Je n'arrive pas à la situer, car la peur me coupe du sens de l'orientation. Je sais que c'est du côté du rond-point dit de Cran-Neuf, mais je ne sais pas dire si elle se situe avant ou après. À l'issue de mes bribes d'explications, Stéphane me dit qu'il s'agit de la courbe à gauche qui passe sous le rond-point quand on arrive à Saint-Nazaire en venant de La Baule.

Alors on la reprend ensemble, il me prépare en me rappelant :
– On n'arrête pas de respirer ;
– Le pied est sur le frein en abordant la courbe ;
– Le regard est loin ;
– La main gauche seule tire sur le volant ;
– On accélère dans la sortie de courbe.

Tout en ayant peur, je suis confiante et je m'applique. Je réussis beaucoup mieux que lorsque je suis seule. Stéphane peut aussi parfois légèrement maintenir le volant. Si je ne suis pas en auto-école, j'ai le souci de penser à toutes ces consignes, mais facilement certaines m'échappent.

Mon évolution en auto-école :
– La conduite sur une deux fois deux voies devient nettement plus assurée.
Mon évolution seule :
– Malgré la peur, la conduite sur des petites distances est possible sans les effets extrêmes qui imposent l'abandon ;
– Un sentiment de satisfaction commence à naître après mes entraînements.

3

MON CARNET DE BORD

Pendant une partie de l'été, je n'ai pas de leçon de conduite, mais le travail en auto-école a laissé en moi une empreinte qui ne s'efface pas et qui ne demande qu'à se renforcer. J'entreprends alors un entraînement personnel assez régulier.

Quand je rentre chez moi après mes exercices de conduite, je me sens bien accueillie par mes petites bêtes. C'est à Pépino que je parle d'abord, il est sourd de naissance et je suis convaincue qu'il perçoit mes émotions encore davantage que les autres chats.

Par besoin d'extérioriser, de me souvenir de ce que j'expérimente et d'évaluer mes réussites comme mes échecs, très spontanément je prends un petit cahier. Je fais alors glisser ma plume en décrivant chacune de mes sorties en voiture et en détaillant mon vécu. J'écris ce que j'ai bien réussi et moins bien réussi. Je me sens en progrès aux moments où je conduis en douceur et avec naturel. Je me sens en échec lorsque les palpitations et les picotements perdurent et qu'il me paraît vital de rentrer au plus vite.

Écrire, c'est dessiner une porte sur un mur infranchissable,
et puis l'ouvrir.

Christian Bobin

Je profite de ce moment où je ne conduis pas en auto-école pour mettre en application certaines bases que j'ai réapprises sur la conduite. J'ai été professeur, je sais que lorsque la difficulté est là, il ne suffit pas d'avoir compris, il faut se mettre et se remettre en situation. Je vais ainsi m'entraîner sur de petits parcours, aux feux en ville, sur les ronds-points et sur les bretelles d'entrée et de sortie.

Petits parcours

Je vais souvent à Cuneix, situé à cinq kilomètres, pour déposer les déchets verts de mon jardin dans lequel je me ressource. Les fossés profonds et les virages sur ces petites routes m'impressionnent. La peur me fait rouler doucement. Les mauvaises habitudes prises peuvent vite revenir, je peux passer trop tard ou trop tôt une vitesse. J'essaye ensuite de mieux anticiper en cherchant le juste milieu. Je surveille la position de mes mains sur le volant. Je n'aime pas être suivie par quelqu'un pressé d'aller vider sa remorque. En traversant le Poney Club de Cuneix, je veille à ne pas apeurer les animaux.

Les feux en ville

Je m'exerce à bien passer les feux. J'envisage leur passage à l'orange, pour ne pas être surprise, comme Stéphane me l'a expliqué. Je dois arriver au feu avec un certain élan pour ne pas avoir le pied sur l'accélérateur, mais sur le frein. Je dois utiliser le frein moteur, et je dois regarder le rétroviseur intérieur pour voir si je suis suivie. Je freine pour m'arrêter si le feu passe à l'orange, tout en tenant compte de celui qui me suit. C'est simple, mais ce n'est pas toujours facile à mettre en œuvre.

Quand je le fais bien et en douceur, je suis assez satisfaite. Je suis un peu déçue si je constate quelques maladresses, mais cela m'encourage à recommencer pour faire mieux.

Les petits ronds-points

Je m'exerce sur les petits ronds-points. Je tente d'appliquer ce que j'ai travaillé dès la première leçon de conduite.

Bien avant le rond-point, je pense à regarder loin à gauche. J'ai perdu le réflexe de le faire, la peur a figé mon regard et a réduit mon champ de vision. Quand je m'entraîne, cela crée une fatigue musculaire au niveau des yeux comme après une séance d'orthoptie, c'est signe que mon regard travaille.

En abordant le rond-point, je suis en seconde et je continue sans m'arrêter si cela est possible. Je suis consciente du fait que s'y engager est un exercice de prise de décision assez rapide, j'ai du mal, car intérieurement, je suis très hésitante. La peur de mal évaluer et de gêner est souvent présente.

Je place bien mes mains sur le volant en tirant à gauche et en faisant revenir la main droite sur le côté droit du volant. Je suis souvent amenée à me corriger comme dans les virages. Je dois regarder dans le rétroviseur où sont placés les autres véhicules.

Je n'aime pas la sensation de vide quand je tourne dans un rond-point. J'ai l'impression que cela n'en finit pas quand je dois faire trois quarts de tour. La vitesse étant plus faible que dans un virage, la peur est moins forte, mais le malaise est de la même nature.

Quand je sors, je mets mon clignotant à droite juste après la sortie qui précède la mienne.

Les bretelles d'insertion et de sortie

Presque chaque soir, profitant des longues journées d'été, je m'entraîne sur les bretelles en prenant la Route bleue en direction de la Baule.

Quand arrive le moment de partir de chez moi, j'abandonne mon jardin et mes petits protégés avec un pincement au cœur. La satisfaction de parvenir à faire la route et l'appréhension se côtoient étroitement.

Mon exercice consiste à quitter très vite la Route bleue en prenant la première ou la deuxième sortie, pour ensuite la reprendre dans le sens contraire en direction de Saint-Nazaire. C'est sur cette route que j'ai vite fait des progrès en auto-école.

Je fais attention à atteindre suffisamment de vitesse sur la bretelle avant de m'insérer pour ne pas gêner ceux qui sont déjà sur la deux fois deux voies et qui sont donc prioritaires. Stéphane m'a expliqué que notre cerveau évalue la vitesse des autres. Si je freine inutilement, je peux fausser le calcul inconscient que fait un automobiliste.

Sur une bretelle d'insertion, si mon attention est focalisée sur ce qui se passe sur la route, je peux m'embrouiller dans le passage des vitesses. Je rectifie vite et c'est sans conséquence. Quand je me place à gauche pour laisser des véhicules entrer, comme ce n'est pas assez naturel, je ressens des picotements, mais c'est minime par rapport à ce que j'ai connu.

Avant de prendre une sortie sur cette même route, je ralentis un peu sans freiner. Je ne freine que lorsque je suis sur la bretelle, puis je rétrograde jusqu'à atteindre la vitesse imposée.

Souvent, je roule un peu au-dessous des vitesses autorisées. J'ai du mal à me décider à doubler un camion, c'est plus facile de doubler une voiture lente, car je vois mieux et la manœuvre est plus courte. Tout cela dépend aussi du degré de confiance en moi que j'ai à ce moment-là.

Parfois, pour aider ma conduite qui manque de naturel, je me répète à voix haute ce que je dois faire. La place que la parole prend chasse de mon esprit les idées parasites bien installées, composées d'images de chocs ou d'accidents.

J'apprécie les moments agréables de conduite quand je roule sans ressentir la peur de perdre le contrôle de ma voiture sans raison.

Je termine par la courbe à gauche qui passe sous le rond-point de Cran-Neuf. C'est un point noir pour moi sur ces trajets du soir. Je fais attention à ce que ma main droite n'intervienne pas sur le volant. J'essaye de mettre le regard loin, mais la peur peut le faire revenir plus près et dans la courbe je ressens le vide.

Parfois la peur que j'ai par anticipation diminue une fois que je suis dans la courbe, cela se produit lorsque j'améliore la technique. Parfois ce n'est pas bien, surtout au niveau du ressenti, mais la fois suivante, c'est mieux, puis de nouveau un désenchantement peut revenir. Il ne manque pas grand-chose, un déclic peut-être que je n'ai pas encore. Il y aurait comme un risque à prendre, un grand saut à faire que je n'ose pas faire quand je suis seule.

Après chaque sortie, qui n'a rien de naturel et qui est donc plus ou moins angoissante, quand je rentre chez moi, je retrouve mon univers avec un certain soulagement. Pépino semble toujours attendre mon retour dans le petit jardin. Mitzi, la frileuse, occupe le coin le plus chaud du salon. Flopy, en boule sur le canapé, entrouvre un œil avec un air interrogateur. Il semble évaluer mon état de stress avant de replonger dans le sommeil...

Certains soirs pendant ces trois semaines sans accompagnement en auto-école, je ne fais pas mon trajet sur la Route bleue. Le prétexte est qu'il va y avoir trop de monde. Je sais pourtant que ce n'est pas ce qui m'arrête en premier, car beaucoup de monde, ça remplit les voies et alors tout ce qui concerne le vide est atténué.

En fait, je peux passer par une grosse perte de confiance en moi et alors je ne sors pas. La peur l'emporte et une représentation de la courbe de Cran-Neuf comme un mur infranchissable s'impose à moi et me bloque. Les autres courbes sur cette route peuvent aussi me mettre mal à l'aise, mais moins.

La confiance peut revenir le lendemain. Pour m'encourager, je me rappelle que je reviens de loin et que ce que je réussis depuis quelques semaines était infaisable il y a quelque temps.

Pornic

En plus de ces courts entraînements presque journaliers, je risque, en journée, un autre trajet un peu plus long. Je prends le pont de Saint-Nazaire avec un peu plus d'assurance, et je continue sur la Route bleue, mais vers le sud cette fois-ci pour me rendre à Pornic, ville située à 30 km de chez moi.

La route a plusieurs courbes à gauche qui m'impressionnent, mais elles sont moins difficiles que celle de Cran-Neuf. Je ralentis en les approchant et le franchissement de ces « obstacles » fait naître des palpitations cardiaques et des picotements dans la nuque. Je peux rester bloquée derrière un camping-car que je n'ose pas doubler, car j'ai très peur d'aller sur la file de gauche.

Les peurs rencontrées n'empêchent pas de ressentir des progrès à l'issue de ce trajet. Je l'ai fait sans état de panique et je n'ai pas été obligée de m'arrêter ou de quitter la route. Je bénéficie de la « conduite miraculeuse » en direction de la Baule en sentant que ma voiture reste bien dans sa voie sur le pont et sur la deux fois deux voies. Je suis plutôt contente de cet exercice.

Tout ceci est écrit jour après jour dans mon carnet de bord. J'essaye de trouver les mots les plus justes pour traduire mon évolution. Je décris mes trajets, mes hésitations, mes réussites et ma position par rapport aux autres véhicules. Je procède un peu comme un nouveau conducteur le ferait. Je ne détaille pas mes peurs, elles prennent trop d'espace et sont toujours sous-jacentes. Je cherche aussi à ménager mon moniteur, cela risquerait peut-être de devenir lourd pour lui. Il ne manifeste cependant rien de tel quand j'en parle.

Stéphane ne m'a imposé ni le rythme ni le type d'entraînement à faire. Il me laisse une grande liberté de choix dans ma démarche. Cela n'est pas contradictoire avec le fait que je devine une attente de sa part concernant mon implication pour donner du sens à l'accompagnement. Je partage complètement cette exigence. Quand j'étais professeur, j'étais exigeante avec mes élèves tout en les accompagnant individuellement et en tenant compte de la particularité de chacun.

Je progresse en conduite, la technique s'affirme petit à petit même si c'est de façon assez ténue, et en même temps j'apprivoise ma peur. Cependant, j'espère reprendre des leçons de conduite bientôt, elles commencent à me manquer vraiment. Pour me dépasser, pour me rassurer, j'en ai besoin.

Mon évolution seule :
– Malgré la peur, la sensation que la voiture reste bien dans sa voie en ligne droite se confirme ;
– Un entraînement intensif, seule, presque journalier, a été possible sur de courtes distances ;
– Ces entraînements permettent de ressentir que doucement, la confiance revient ;
– La concentration sur la technique aide à apaiser le mental.

4

BONNE REPRISE VERS BOUAYE

La commune de Bouaye : c'est toute mon enfance ! J'y suis arrivée à l'âge de cinq ans, je me suis éloignée d'elle seulement pour aller exercer mon métier à Saint-Nazaire. Maintenant, la maison familiale est devenue la maison de campagne de ma sœur. Elle est située à 63 km de chez moi, au sud de la Loire. Pour s'y rendre, le plus simple est de passer d'abord le pont de Saint-Nazaire, d'emprunter ensuite la Route bleue sur environ 30 km jusqu'à Pornic, et enfin de continuer sur la départementale 751. Cette route est presque tout le long à double sens de circulation, sauf sur une petite portion avant Bouaye où la vitesse est limitée à 110 km/h.

Pendant plus de 20 ans, j'ai fait régulièrement ce trajet en roulant au maximum des vitesses autorisées qui étaient supérieures à celles d'aujourd'hui. C'est à partir de 2001 que toute conduite s'est transformée en cauchemar.

À l'automne 2015, la panique, de nouveau, avait transformé le retour de Bouaye en un calvaire interminable. Quelques mois après, j'y étais retournée par un itinéraire très compliqué fait de nombreux détours et d'entrées dans un maximum de petites agglomérations. Le but était de rouler très lentement, pour engendrer le moins de peur possible. J'y étais arrivée, mais il m'avait fallu rouler deux heures pour l'aller et deux heures pour le retour. Puis j'avais repris la route directe avec beaucoup d'épuisement.

Aujourd'hui, en cette belle journée de juillet 2016, avant la reprise en auto-école, c'est le moment de mesurer pour une première fois sur cette route l'impact des quelques leçons de conduite que j'ai prises avant l'été.

Hier, je me suis préparée à l'idée de ce trajet. Ce n'est pas une décision naturelle à prendre. Cela me fait revivre malgré moi des moments très angoissants vécus sur le pont et sur la route. Ces souvenirs bien ancrés s'imposent à moi et m'empêchent d'envisager avec sérénité cette petite sortie, malgré le désir bien présent. Les gouttes et le spray contre le stress des fleurs du docteur Bach. destinés à agir sur les émotions négatives font partie des préparatifs prioritaires.

Je me rends à Bouaye en prenant la route directe. Sur le pont et avant Pornic sur la deux fois deux voies, cela se passe correctement, je maintiens naturellement mon véhicule dans sa voie.

Sur la route à double sens de circulation, à plusieurs reprises quand je suis suivie depuis un moment par un véhicule, surtout par un camion, la peur commence à monter. Je suis alors à l'affût d'une place de parking ou d'une aire de stationnement pour me poser quelques instants.

À l'arrêt, le tremblement de mes mains encore posées sur le volant me rappelle que les cellules de mon corps gardent mes peurs en mémoire. J'attends, je récupère un peu, et quand la voie est libre, je repars.

Sur de nombreux kilomètres, cette route est assez droite. Quand je vois la signalisation : Bouaye 16 km, le plaisir d'être bientôt arrivée est gâché par la hantise d'aborder quelques séries de virages qui terminent le trajet. C'est difficile, il y a d'abord une accumulation de tensions et j'ai très peur.

Je me pose trop de questions, je me demande comment je dois m'y prendre, je ne suis pas à l'aise avec le frein et l'accélérateur. Rien n'est plus naturel pour moi dans tous ces virages. Mon cœur bat fortement. Je prends une respiration profonde de soulagement à l'instant où apparaît le panneau qui indique la sortie vers Bouaye. Il ne me reste que quelques kilomètres à parcourir et avec très peu de circulation, c'est rassurant.

Je contourne le bourg et je m'engage dans la petite rue de la Gare qui me conduit au village de l'Étier. Le pied léger sur l'accélérateur favorise la remontée de quelques très lointains souvenirs d'enfance. J'ai connu cette rue beaucoup plus sauvage. C'est d'abord à pied et par tous les temps que j'ai parcouru les trois kilomètres qui séparent le village de l'Étier de l'école primaire, puis il y a eu la bicyclette, et plus tard les transports scolaires.

Des trottoirs remplacent maintenant les fossés, l'un d'eux avait amorti ma chute de vélo contre un poteau le jour de ma première « grande sortie » sur mon deux-roues. Cet épisode sans graves conséquences m'avait cependant assez marquée.

Les graines semées dans l'enfance
développent de profondes racines.

Stephen King

Me voici arrivée à la maison. J'essaye de ne pas anticiper sur le retour et de chasser les pensées négatives qui ne cherchent qu'à s'installer.

Au retour sur la route qui mène au bourg, les souvenirs me ramènent sur le chemin de l'école. Je me revois avec ma sœur sur nos bicyclettes. Les vaches dans les prés étaient les seuls êtres vivants témoins de nos discussions. Cette simple petite route de campagne que nous connaissions serpente aujourd'hui entre des lotissements, elle est méconnaissable avec ses passages piétons et ses nombreux marquages au sol.

Arrivée sur la départementale, je retrouve la peur des virages. En prenant l'un d'entre eux que je n'ai pas vu assez tôt, j'ai le souffle un peu coupé. Je me sens mieux quand la route devient plus droite. Je roule mieux ensuite sur la deux fois deux voies et sur le pont de Saint-Nazaire.
Arrivée chez moi, je suis soulagée de ne plus être sur la route.

Mon évolution seule :
– Le mental est encore très agité dans la perspective de faire de la route ;
– La peur, sur la route à double sens de circulation, surtout quand je suis suivie, me paralyse encore et m'impose un arrêt ;
– La peur et la sensation de vide dans les virages sont toujours très présentes ;
– Le bénéfice de la leçon de conduite dite « miraculeuse » se fait sentir sur la deux fois deux voies et dans les lignes droites, même s'il y a à gagner en confiance ;
– L'absence d'état de panique, en prenant la route la plus directe, rend ce trajet plutôt réussi.

5

PONT DE SAINT-NAZAIRE ET SUD LOIRE

Beaucoup d'émotions ont accompagné mes fréquents entraînements sur de courtes distances, mon trajet vers Pornic et mon petit voyage à Bouaye. Tout en surmontant des moments de forte tension, j'ai dépassé ma peur et les crises de panique ne se sont pas manifestées.

C'est avec un réel sentiment de satisfaction que je présente mon carnet de bord quand je reprends les leçons. Je retrouve la sécurité de sentir mon moniteur prêt à intervenir. Si j'ai trop peur de perdre le contrôle, je sais que je peux compter sur lui et cela ralentit les tourbillons du mental.

Nous parlons de mes entraînements. Il me rappelle les techniques à suivre pour supprimer les à-coups et la sensation de vide dans les courbes.

Quand j'ai peur avant un virage, je réfléchis à la position du pied sur le frein ou sur l'accélérateur. J'ai peur de ne pas avoir le temps de passer assez vite de l'un à l'autre en levant le pied pour changer de pédale. Stéphane m'explique qu'il suffit de faire pivoter le pied et de garder le talon posé sur le plancher.

À la fin de la séance, il me fait écrire mon prénom sur un papier et me demande de recommencer sans poser le poignet sur le support. Ah oui ! Ça change tout ! Comme pour le talon sur le plancher !

Le réapprentissage se fait aussi par plein de petites comparaisons comme celle-ci que mon moniteur a plaisir à me transmettre.

Nous retournons dans la courbe de Cran-Neuf sur la Route bleue et nous commençons aussi à prendre la direction sud Loire en empruntant le pont.

Le pont de Saint-Nazaire

La traversée du pont de Saint-Nazaire a vite bénéficié des nets progrès effectués sur la Route bleue menant à La Baule. Cependant, j'ai en tête les fois où je l'ai pris la peur au ventre et en état de panique absolue.

J'exprime un peu ma peur à Stéphane, mais sans trop détailler les souvenirs que cette traversée réveille en moi, et il respecte ma réserve.

Je n'imagine pas dire que pendant toute la traversée il m'est arrivé d'avoir tellement peur que ma voiture traverse le pont, que je roulais au maximum à 40 km/h et que j'avais autant peur de m'arrêter sur le côté à droite que de continuer à rouler. La peur de transmettre ma peur et des conséquences m'empêche de parler spontanément. Et par effet miroir, je risque de voir ma propre peur ! Tout ceci fait partie de ma zone d'ombre qui m'envahit.

J'évoque ma peur du camion qui est juste derrière nous. Stéphane m'explique que le chauffeur qui s'apprête à passer le pont doit d'abord bien calculer et s'élancer suffisamment sur la montée, en évitant de freiner, pour arriver en haut sans peiner. Il me demande de bien garder la vitesse autorisée de 70 km/h si un camion nous suit et si la circulation devant le permet. Cette compréhension de la stratégie nécessaire dégonfle en moi la peur excessive d'un camion sur le pont et efface légèrement le rejet que j'ai d'eux.

Stéphane prend très souvent le pont et cela est un plaisir pour lui à certains moments de la journée. Il me décrit parfois le spectacle auquel il peut assister à l'aube et à la tombée de la nuit.

J'imagine, au sommet dégagé du pont, le regard attiré par le contrebas et fasciné par les couches de brume. Les premiers rayons du soleil les teintent d'une multitude de couleurs derrière lesquelles le bas du pont disparaît.

Le soir au coucher du soleil, quand le ciel s'assombrit progressivement, les derniers rayons du soleil dessinent des dégradés flamboyants de couleur jaune et orange qui se reflètent dans l'eau.

Tout en m'appliquant dans ma conduite sur le pont, j'arrive à visualiser ce que j'entends. Mon cerveau capte toutes ces images colorées et les enregistre. Elles chassent celles qui s'imposent, faites de chocs violents, de perte de contrôle et de vide. Elles apportent un peu de calme et de sérénité.

De préférence, c'est dans la journée que je prends le pont, et le soir ma concentration sur ma peur me prive du spectacle environnant. Je doute de pouvoir un jour associer le pont à une telle beauté de couleurs.

Pourtant, très vite, les angoisses liées à ce pont disparaissent complètement. Je le prends pour m'entraîner sur la deux fois deux voies en allant à Pornic. Je ne fais plus de fixation mentale négative sur sa traversée avant de partir, alors que j'en fais sur les courbes à prendre. Je suis tentée de croire que certaines images nocives ont été détruites comme sur un disque dur, et elles ont laissé place à un espace de bien-être.

Tourne-toi vers le soleil et l'ombre sera derrière toi.

Proverbe maori.

La route de Corsept

En auto-école, après le passage du pont, au niveau de Saint-Brevin, nous quittons la deux fois deux voies et continuons par la départementale 277. Elle longe le sud de la Loire sur une dizaine de kilomètres en direction de Corsept, une petite commune rurale. C'est une route que je n'aime pas beaucoup, d'ailleurs, je ne suis pas en mesure de dire qu'il en existe une que j'aime ! Tout est en place pour que de nouveau le mental s'agite : les fréquentes variations de limitations de vitesse, les rétrécissements de la chaussée avec différents marquages au sol, et les virages.

Découverte de la D5

Toujours en auto-école, après quelques progrès sur la route de Corsept, je découvre un nouvel itinéraire. On se dirige vers le sud de Saint-Brevin, on emprunte la D5 en direction de Saint-Père-en-Retz, une autre petite commune rurale.

Cette route fait monter en moi de fortes émotions. Elle est plus étroite que la route de Corsept, je crains d'être absorbée par les bas-côtés. La circulation y est plus dense, et je ne vois que des virages presque à angle droit. Je reste silencieuse et si Stéphane parle, je ne comprends qu'une partie de ce que j'entends. Quand on va croiser un camion, j'ai l'impression que l'on va le frôler.

Je laisse s'échapper un petit cri d'effroi : « oh, un camion ! » qui rompt mon silence. L'activité du mental monte d'un cran, il s'emballe : je ne vais pas y arriver, je vais gêner ceux qui me suivent, et je vais perdre le contrôle si je ne réduis pas à l'excès ma vitesse comme lors de la toute première leçon.

Stéphane m'aide beaucoup à passer ces virages. J'imagine que le nouveau rebond de difficulté pourrait le faire abandonner, jugeant qu'il n'y a plus rien à faire. Alors que je suis convaincue que globalement je progresse, la crainte de l'abandon vient s'ajouter et encombrer le mental.

Mon sommeil est perturbé, je me vois continuellement en voiture. Au matin, quelques chaudes larmes coulent sur mes joues, c'est étrange, elles semblent seulement libérer une tension. Pendant les semaines d'arrêt de leçons, je me sentais tendue, mais aucune larme n'avait coulé.

Les larmes [...], en coulant, nous libèrent d'un certain poids.
Grâce à elles, le corps se soulage et la tension s'apaise.
La peine prend forme, se nomme
et peut enfin couler hors de nous.

Marie Laberge

Guérande

Je récupère plutôt vite. Pendant une leçon, Stéphane me suggère comme entraînement de me rendre au Jardiland de Guérande, situé à une vingtaine de kilomètres au nord-ouest de chez moi. Je n'y suis jamais allée et c'est tout à fait adapté à mes centres d'intérêt. Pour fuir les trop nombreux virages du sud

Loire, je prends la Route bleue pour me rendre dans cette grande jardinerie.

Je me perds un peu avant de trouver Jardiland, j'en ai l'habitude quand je vais dans un lieu inconnu. Je me ressource pendant une heure dans la jardinerie, mon esprit est accaparé par les présentations florales, le chant lointain des oiseaux et les idées d'aménagements de jardins. Je ne pense pas trop au retour, mon mental lâche un peu prise. Je fais une bonne coupure qui me permet de me détendre et d'espérer repartir sereinement.

Au retour, au gros rond-point de Villeneuve de Guérande, malgré la circulation importante, je m'insère et ressors assez bien. En auto-école, après quelques difficultés d'évaluation et de prise de décision, j'ai assez vite pris confiance sur ce rond-point.

Quand je vois la file de voitures, venant de Saint-Nazaire, bloquées avant ce rond-point, je me dis que si j'avais imaginé cela, je n'aurais sans doute pas pris l'initiative d'aller à Guérande. Il vaut mieux faire la route, se mettre en situation, plutôt que de s'inventer un scénario, mais le mental est bien tenace.

À Cran-Neuf, la courbe que je fais est plus belle que toutes celles que j'ai faites et refaites jusqu'à présent. Sans à-coups, seule ma main gauche tire sur le volant. Je ne ressens pas la peur qui m'oblige à corriger successivement vers la gauche et vers la droite pour que ma voiture reste dans sa voie. Je réussis à appliquer toutes les techniques nécessaires pour bien prendre une courbe.

Comme en mathématiques, je visualise une belle courbe admettant en chacun de ses points une tangente. Elle représente une fonction partout dérivable ! Les segments qui constituent la courbe sont infiniment petits !

À l'aller comme au retour je roule assez bien. Les quelques dépassements que j'effectue ne sont pas encore très naturels. Je me répète ce que j'entends en auto-école : quand je me rabats, je mets le clignotant à droite et je me déporte une fois que je vois l'avant du véhicule dans le rétroviseur.

Une autre fois, au retour de Guérande, pour changer, je prends une route à double sens de circulation qui passe par Saint-André-des-Eaux. Les côtes, les descentes, les différentes limitations de vitesse et les virages m'angoissent. J'ai peur, je ralentis trop et je gêne le car qui me suit. Je regrette ce choix. Quel soulagement quand je quitte cette route !

Mon évolution :
– Les routes à double sens de circulation à virages demeurent difficiles ;
– La traversée du pont de Saint-Nazaire se fait maintenant naturellement ;
– La conduite sur la deux fois deux voies évolue bien ;
– Un réel bon passage fluide dans la courbe de Cran-Neuf ;
– Les états de panique ne refont toujours pas surface.

6

EMPRISE DU MENTAL

Quand j'évoque les moments de panique les plus terribles que j'ai vécus avant ma démarche auprès de l'auto-école, je mets en cause une force qui me dépasse. Une force qui me paralyse et qui me met en danger autant pour tenir la route que pour m'arrêter.

Mon mental est le gardien de cette prison intérieure de laquelle je ne peux m'échapper.

Lors de la leçon de conduite dite « miraculeuse » sur la Route bleue, je fais l'expérience d'un moment de conduite pendant lequel le mental lâche prise.

Maintenant, le gain en technicité et en confiance en moi favorise la bonne gestion de la situation. Le mental entame le début d'une lente métamorphose.

La poursuite de son processus d'évolution après quelques leçons de conduite m'avait fortement motivée. Avec mon propre véhicule, j'avais pris la nationale 171 en direction de Montoir-de-Bretagne pour me tester. Sur cette deux fois deux voies, je m'étais éloignée d'une quinzaine de kilomètres de chez moi.

La présence encore sensible de l'appréhension et de l'émotion n'avait cependant pas cédé la place à la panique. Au retour, le tremblement des mains, pareil à un messager du mental, me rappelait que malgré une certaine réussite, il était temps de mettre un terme à cette sortie.

Savenay

Après la réussite de plusieurs allers-retours Saint-Nazaire–Montoir, cela devient une évidence de prolonger l'exercice un peu plus loin en continuant jusqu'à Savenay. Cela double la distance à parcourir sur la nationale 171. Logiquement, ce qui a été réussi sur une quinzaine de kilomètres devrait l'être sur les 15 km suivants.

Pour le mental malheureusement, cela n'est pas aussi simple. Les pensées les plus angoissantes se mettent à tourner en boucle. Les peurs s'entremêlent. La peur des camions ! La peur du vide ! La peur de ne pas avoir la possibilité de prendre une sortie ou de m'arrêter ! Plus l'éloignement est grand, plus le retour pourrait être périlleux !

La peur la plus profonde est peut-être celle d'une résurgence de crise de panique qui crée une impression d'immersion dans une immensité sans issue ! La grande agitation du mental me bloque et étouffe progressivement la motivation. Une accalmie finit cependant par se présenter et me permet de prendre la décision de me confronter à ces 30 km.

La peur est présente sur la route, mais sans excès. Avant d'envisager le retour, je fais une halte dans un petit centre commercial situé à l'entrée de Savenay. En me garant sur le parking, je me sens comme un sportif qui vient de terminer sa performance. Je reste un peu dans mon véhicule en attendant que la tension interne accumulée s'estompe. Ensuite, je me laisse tenter par quelques achats, je me ressource, j'oublie un peu qu'il y a un retour.

Le pont de Saint-Nazaire

Sur le très impressionnant pont de Saint-Nazaire, dans les pires moments de panique, le mental avait eu des effets terrifiants. Il fonctionnait ainsi : si ma voiture ne tient pas sa droite, elle va traverser les trois voies, rien ne va l'arrêter, elle va finir contre le parapet et c'est terrible d'imaginer la suite. De même, en essayant de m'arrêter sur le côté, si je n'y arrive pas, ma voiture finira dans le parapet de droite.

Même quand j'arrivais à éloigner ces pensées, mon corps gardait toutes les blessures infligées par la peur et il n'était plus en mesure d'apporter une réponse adaptée à la bonne conduite du véhicule.

La leçon sur le pont de Saint-Nazaire pendant laquelle je visualise les couleurs au lever et au coucher du soleil a contribué à amplifier le travail sur le mental.

Maintenant, quand je pars pour Pornic, les tourments du mental liés à la perspective de prendre le pont ont complètement disparu.

Des imprévus sur la route sont parfois au rendez-vous. Le jour où j'aborde une zone de travaux sur la route de Pornic, je me sens assez mal à l'aise. Je modifie ma conduite comme la signalisation l'impose, en changeant de voie et en réduisant ma vitesse. L'idée de ralentir devrait me sécuriser, mais dans ce cas, cela me fait peur, et je ne trouve pas vraiment d'explication.

Je m'interroge sur ce qui se passe. C'est comme si, en voyant le rétrécissement, le marquage de couleur jaune et toute la mise en place de la sécurité, le mental captait le mot « danger ». Il l'imprime fortement de façon indélébile et demeure en état d'alerte jusqu'à ce que la route retrouve sa configuration normale.

Mon évolution :
– Le mental s'agite avant un entraînement inhabituel ;
– Le nombre de kilomètres de l'entraînement sur la deux fois deux voies est passé de 15 à 30 ;
– Un gain d'assurance se confirme sur cette route très fréquentée de Savenay.

7

VIRAGES DU SUD LOIRE

La peur des virages

Un virage serré surtout à gauche m'angoisse. En l'abordant, l'appréhension est très forte, et après, le soulagement de m'en être sortie est intense. L'impression de vide et la peur de perte de contrôle me font beaucoup freiner.

Tout ceci s'accompagne d'images terribles d'accidents qui s'imposent à moi : la voiture va droit dans la courbe ou elle ne tient pas la route et elle fait des tonneaux avant de s'écraser. Un passager assis à côté de moi ne peut pas s'en apercevoir et surtout, il ne peut pas imaginer mon vécu intérieur.

Sur la Route bleue en revenant de La Baule sur laquelle j'ai fait beaucoup de progrès, la courbe de Cran-Neuf à chaque passage joue sournoisement le rôle de piqûre de rappel. Mon entraînement intensif m'a permis de bien progresser et de parfois bien la prendre, mais pas encore de façon assez naturelle.

Sur la route de Saint-Brevin à Corsept, je retrouve cette peur, mais entre deux virages, j'ai le temps de récupérer.

Sur la D5, c'est plus angoissant, les virages se succèdent les uns après les autres et sont très serrés. Cette route, à double sens de circulation, m'oblige à reproduire continuellement l'effort que je fais pour passer la courbe de Cran-Neuf avec en plus des véhicules qui viennent en face !

La D5 en auto-école

Quand on prend cette route en auto-école, on fait des allers-retours entre deux ronds-points distants de 9 km en partant de Saint-Brevin vers Saint-Père-en-Retz. Je ne suis pas étonnée d'être confrontée à mes plus profondes angoisses. Mes acquis sur la Route bleue ne me sont pas très bénéfiques.

Tout se transforme en questions : « que faut-il faire pour bien prendre tous ces virages ? Comment en réussir un seul d'abord ? Comment agir avec le frein, l'accélérateur et le volant pour garder la trajectoire ? »

Je réfléchis trop, cela devrait être plus intuitif, je le sais, mais l'intuition n'est pas au rendez-vous dans cette épreuve. L'empreinte que laisse un apprentissage, même lointain, dans mon corps et dans mon esprit a été effacée.

Je cherche à comprendre, à décortiquer et à tout décomposer. Pendant une leçon, j'ai parfois besoin de répéter tout haut :
– Je respire ;
– J'ai le regard loin ;
– J'ai le pied en face du frein ou je freine un peu ;
– J'accélère en sortie de courbe ;
– Je tire sur le volant.

Quand j'exprime que cela fait trop à penser et à faire en même temps, on partage le travail. Stéphane tient et tourne le volant pendant que j'utilise le frein et l'accélérateur, puis on échange les rôles. Je me concentre ainsi sur seulement une partie de la technique. Parfois il prend toutes les commandes, comme il l'avait fait sur la Route bleue, avant de toutes me les redonner.

Il me corrige en me disant de mettre la main plus haut sur le volant. Pour le regard loin, je comprends intellectuellement, mais pas concrètement. Je vois un virage comme un mur qui ferme l'horizon et mon regard est arrêté par le bord latéral du pare-brise. Je ne vois rien.

Quand le sage montre la lune, l'imbécile regarde le doigt.

Proverbe chinois

L'angoisse peut parfois faire disparaître tout sens du concret et enfermer au point de rendre un peu imbécile...

La peur augmente et atteint son paroxysme quand en même temps je suis suivie par un camion et que j'en croise un dans un virage. À ces moments-là, si on discute, je perds le fil de la conversation et je m'arrête net de parler. Je peux faire quelques à-coups en disant « oh ! un camion ! » Quand Stéphane parle, il me coupe de ma peur et quand il se tait, il me laisse me concentrer. Il me redit calmement à chaque virage ce qu'il faut faire. Je dis oui, mais je sens bien que cela ne s'imprime pas, je n'intègre pas. Au virage suivant, il ne reste en apparence rien de ce qu'il m'a déjà dit. Quand il revient sur une explication, il le fait toujours comme s'il m'en parlait pour la première fois. Je finis par entendre la consigne en réalisant qu'elle a déjà été donnée.

On en discute, il n'est pas surpris par le fait que je n'entende que partiellement une information ou une explication. Il en fait l'expérience régulièrement avec ses élèves en conduite. Cela me rassure et me détend un peu de savoir qu'il sait et comprend qu'il en est ainsi. J'estime parfois que les nombreuses tentatives effectuées restent vaines.

> *Je n'ai pas échoué, j'ai juste trouvé 10 000 façons qui ne conviennent pas.*
>
> Thomas Edison

Dans mes moments de blocage, je pense que mon inconscient fait son travail tout seul sans rien dire... Il garde les informations et l'avenir confirmera qu'il les libère le temps venu. Pendant quelques nuits, mon cerveau reste en état d'alerte, il n'arrive pas à quitter la vigilance imposée et il perturbe mon sommeil.

Les premières leçons, sur cette route, me laissent l'impression de peu progresser. Elles pourraient me décourager et me faire abandonner, mais je persévère. Les progrès, même parfois ténus, me poussent à accepter la difficulté.

Corsept

Je fais plusieurs entraînements seule entre Saint-Brevin et Corsept. Les premières fois, je suis inquiète dès que des véhicules sont derrière moi. Je quitte alors brièvement la route pour les laisser passer et je reviens ensuite, comme je le fais en me rendant à Bouaye. Si la vitesse est limitée à plus de 70 km/h, je ne suis pas à l'aise. Quand je ne fais pas un beau parcours, j'ai des picotements dans la tête et j'ai hâte d'être revenue chez moi. Cependant la peur n'atteint pas le niveau d'angoisse que j'ai pu connaître. Il n'y a pas de crise de panique.

Au retour, arrivée au rond-point de Saint-Brevin, au bas du pont de Saint-Nazaire, quand j'ai bien conduit sur certaines parties de la route, malgré quelques virages un peu déstabilisants, je repars vers Corsept. Je tourne plusieurs fois autour du rond-point pour n'avoir personne derrière moi. Si l'évolution est bonne, je recommence une troisième fois. Si je suis un peu gênée par une voiture qui ralentit devant moi, c'est plutôt bon signe.

Pas de D5 seule

Prendre la décision de retourner seule sur la D5 m'est très difficile. Par ailleurs, je n'arrive pas à mémoriser la sortie à prendre après le pont de Saint-Nazaire pour y accéder. Je sais seulement que ce n'est pas la même que pour aller à Corsept. La peur et le sens de l'orientation n'allant pas de pair, je ne retrouve pas facilement l'itinéraire.

J'essaye de me repérer à l'aide d'une application de cartographie sur Internet. Plus je regarde, plus je fais émerger la peur que je risque de ressentir : je ne vais pas maîtriser ma voiture et je vais tout lâcher. J'ai aussi des images d'accidents. La peur monte et me paralyse, je reste chez moi.

Au tout début, quand Stéphane me disait qu'il allait me rappeler, j'avais peur qu'il prenne la décision d'abandonner. Maintenant quand il appelle pour confirmer le prochain rendez-vous, cela a un effet bénéfique pour me couper de l'imaginaire négatif. Il a le sens du contact, un simple appel peut contribuer à calmer le mental qui s'emballe négativement autour d'une idée de sortie, surtout si je ne sors pas ! Même si je ne parle pas au téléphone de ce qui envahit mes pensées, le ton calme et attentif que je perçois peut suffire, comme pendant les leçons de conduite, à faire diversion.

Ce déplacement, infaisable seule en voiture, je le fais virtuellement sur l'ordinateur.

Corsept suivi de D5

Lorsque je retourne à Corsept par la D277, une quinzaine de jours après mes derniers entraînements, le ressenti s'améliore vraiment. Je suis alors tentée par un retour par la D5 que je n'ai encore jamais prise seule. C'est terrible, je suis très mal partout sur cette route. J'ai vraiment l'impression de régresser.

Puis arrive ce dimanche d'octobre un peu attendu. Je me fais un plaisir de me rendre au salon du livre à Corsept. Je suis plutôt satisfaite de ma conduite. Sur place je m'intéresse aux expositions et j'achète quelques livres. J'échange avec plusieurs écrivains en sortant assez naturellement de ma réserve habituelle. J'oublie un peu la route.

Je retente un retour par la D5, j'ai peur, c'est encore très difficile. Je n'abandonne pas, je refais la même tentative plusieurs dimanches, car il y a peu de monde et pas de camions. Je reste toujours plutôt satisfaite de ma conduite jusqu'à Corsept.

Lors des retours par la D5, les palpitations et les picotements dans la nuque m'accompagnent tout le long des neuf kilomètres. Je ralentis beaucoup, le pied toujours sur le frein, je ne progresse pas. La peur m'envahit. Je suis en permanence exposée à un danger imminent.

Quand je retourne vers Corsept, je ne reviens plus par la D5 par peur et pour le plaisir de rester sur du positif.

Entre toutes ces sorties, je replonge dans mon univers. Je m'occupe du jardin et je regarde les fleurs. Je me pose sur le canapé, entourée de mes chats bien installés après s'être disputé la meilleure place. Avec un livre, je profite d'un moment de silence et de paix qui atténue les tourments intérieurs.

En auto-école

En auto-école quand je refais ce trajet, c'est beaucoup mieux.

Je parle à Stéphane de régression, j'ai un peu peur qu'il me dise que je n'y arriverai jamais. Il n'en est rien, en prenant l'exemple de la musculation, il évoque les temps de récupération et d'impression de régression qui se succèdent, cela fait partie de l'apprentissage. Dans une réponse technique, il reste neutre, cela me rassure, ce n'est ni intrusif ni dévalorisant.

Stéphane, qui a repéré mes centres d'intérêt, me suggère des parcours proches de ceux que l'on fait ensemble, et susceptibles de m'intéresser. C'est ainsi qu'un jour il avait attiré mon attention sur un panneau publicitaire annonçant la date du salon du livre à Corsept. J'en avais fait un objectif pour y retourner. L'avantage, comme pour le Jardiland de Guérande, c'est que le retour est précédé d'une pause agréable. Quand il suggère un entraînement, je ne ressens pas de pression. Je dispose d'une grande autonomie, je décide à mon rythme. Il ne se prononce pas sur la décision d'arrêter ou de poursuivre ma démarche. Cela m'appartient et je le sais toujours là pour répondre à ma demande d'accompagnement. Le cadre mis par la rigueur et l'exigence dans son travail me rassure.

Mon évolution en auto-école :
– Bonne progression sur la route de Corsept ;
– Amélioration dans la technique, mais beaucoup de peur persiste sur la D5.
Mon évolution en conduite seule :
– Nette amélioration dans la technique et dans le ressenti sur la route de Corsept ;

– *Le blocage persiste pour aller sur la D5 en partant de Saint-Brevin ;*

– *Le blocage a pu disparaître pour tenter cette route dans le sens du retour vers Saint-Brevin, mais les grosses difficultés ressenties me font abandonner l'idée d'y retourner.*

8

EN AUTO-ÉCOLE JUSQU'À NANTES !

Un matin, lorsque je m'installe dans la voiture, Stéphane me demande si je préfère retourner m'exercer dans les virages ou aller à Nantes. Sans hésitation, je choisis Nantes, c'est la première fois que l'on va y aller.

Je repense à la Route bleue sur laquelle j'ai très vite fait des progrès, j'en suis évidemment très satisfaite, cependant, ce que j'ai parfois vécu de terrible en revenant de Nantes n'a pas encore fait surface en auto-école, et je ne l'ai évoqué que très brièvement. En faisant le choix de Nantes, je pense que Stéphane sera peut-être témoin de ce qu'il se produit si la panique me reprend au retour. On vivra alors en direct le scénario du film qui tourne parfois en boucle dans ma tête : l'impression de perdre la trajectoire, l'impossibilité de continuer avec l'obligation de ralentir encore et encore jusqu'à l'arrêt. Ce sera plus parlant que n'importe quel récit. Nous partons donc pour Nantes.

L'aller, sur cette deux fois deux voies très fréquentée, crée une certaine tension. Je prends sur moi pour monter et maintenir la vitesse, et pour doubler des camions. Je fais tout cela avec l'aide de Stéphane dont le calme et la précision induisent la confiance. Quand il dit que l'on va doubler alors que je ne l'envisage pas encore, j'effectue le dépassement et tout se passe bien ; quand j'hésite, je demande.

Je ne suis pas seule à conduire la voiture, mais je fais presque tout et il m'arrive de penser que, seule, je n'aurais pas osé.

En arrivant à Nantes, on fait demi-tour au gros rond-point de la porte d'Armor. Ce rond-point possède trois voies de circulation, il est bien connu pour ses difficultés liées à un trafic intense. Il est impressionnant, beaucoup de véhicules semblent entrer et sortir de partout en même temps. Il est redouté par de nombreux automobilistes et est surnommé « le giratoire de la peur ».

Stéphane, en prenant toutes les commandes, me montre comment manœuvrer et se positionner. Je deviens observatrice, comme il y a quelque temps sur la Route bleue « presque miraculeuse ».

Je suis admirative, il manipule le volant et les clignotants avec tranquillité, beaucoup de méthode et de précision. Je ne m'imagine pas réussir un pareil exploit.

Au début du retour, il me dit qu'après un tel parcours, je peux d'abord récupérer. Je roule pendant un moment en diminuant ma vitesse et en restant dans la voie de droite. Il est étonné positivement, d'abord du fait que j'aie choisi Nantes et ensuite de ma conduite sur la route de Saint-Nazaire à Nantes.

Habituellement, sur ce retour, mon esprit est aussi hanté par trois courbes à gauche. La première, la plus terrible, à la sortie de Nantes, est celle de Sautron ; la deuxième, à mi-chemin, un peu moins difficile est celle de Savenay ; et la troisième, plus abordable, est celle de Prinquiau. Je les vois comme des murs. La peur peut en particulier me faire freiner un peu trop brutalement et engendrer des sensations physiques très désagréables : des palpitations, des picotements dans la nuque et le tremblement des mains.

On arrive bientôt au passage de la nationale 444 à la nationale 165, il faut passer par cette première grande courbe à gauche au niveau de Sautron, la vitesse y est réduite à 90 km/h alors qu'elle est autorisée à 110 km/h avant. Cette courbe n'en finit pas de tourner, elle est pire que celle de Cran-Neuf. C'est vraiment une angoisse terrible pour moi de la passer, avec cette impression de mur face à moi.

Ce jour-là, en auto-école, à la demande de Stéphane, je mets la main gauche haut sur le volant, je regarde loin et j'accélère au bon moment ; je suis aidée, donc je tourne bien malgré la peur.
Pour passer ensuite de la nationale 165 à la nationale 171, au niveau de Savenay, j'affronte la deuxième courbe à gauche, j'écoute et je réussis à tourner sans ralentir démesurément.
La troisième courbe, plus loin au niveau de Prinquiau, qui est beaucoup plus courte, je la passe assez bien grâce aux conseils qui me sont donnés.
Dans les lignes droites, je reste bien dans ma voie naturellement. Je suis contente de cet aller-retour malgré les peurs liées aux camions et aux courbes. Mon esprit très occupé à évaluer, à décider et à suivre les conseils laisse à peine la place, et de façon très furtive, à l'émergence de pensées nocives.

Entraînements vers Nantes

Je peux aller voir ma sœur à son domicile à Nantes ou dans sa maison de campagne à Bouaye. Si j'ai le choix, ma décision se fait en écartant le trajet qui sur le moment se rend le plus coupable de mes tourments intérieurs. En ce moment, les virages près de Bouaye me font préférer Nantes.

L'aller se passe plutôt bien, c'est un dimanche, il n'y a pas de camions. Avant Nantes, au niveau de Malville, depuis un certain temps qui me semble une éternité, je dois franchir une zone de chantier. Elle crée un rétrécissement de la deux fois deux voies et impose une baisse de la limitation de vitesse à 90 km/h. Je ne sais pas expliquer pourquoi je me sens si mal quand je m'en approche. Ce n'est pas par effet de surprise puisque je m'y attends, et je devrais être rassurée par le passage de 110 km/h à 90 km/h.

J'ai peur de ne pas réussir à maintenir ma route. Je suis impressionnée par les marquages jaunes et la trajectoire un peu sinueuse délimitée par des balises rouge et blanc. Je ralentis beaucoup sans pour autant améliorer le ressenti. C'est comme si j'avais peur d'être engloutie par les côtés.

Ce jour-là, j'ai en mémoire mon dernier passage dans cette zone : j'étais en auto-école, Stéphane m'avait alors bien préparée en me disant de regarder loin. J'arrive à bien mettre ses conseils en application, je suis surprise de constater que je ne ressens pas le malaise que crée habituellement cet endroit.

Je n'aime pas la sortie Nantes-Ouest, elle commence par un rétrécissement qui m'impressionne et elle continue par une grande courbe à droite avec une côte. Je suis loin de maintenir les 110 km/h autorisés et je ne suis pas à l'aise. Dans la ville de Nantes, pour me rendre chez ma sœur, du côté du parc de Procé, je dois traverser de nombreuses zones récentes de travaux qui me sont donc inconnues.

Je m'adapte bien, je ne me reconnais pas, mais j'en suis ravie. J'ai vraiment envie de dire merci à Stéphane quand je ressens un tel gain d'assurance. Il ne m'a pas entraînée à prendre ces zones de travaux que je ne connais pas, mais les pas que je fais avec lui me redonnent confiance et cela peut faire surface naturellement sans que je m'y attende.

C'est la Toussaint, je partage agréablement un repas de famille que ma sœur a préparé chaleureusement. Malheureusement, ce moment est gâché par des pensées parasites et persistantes : le retour m'inquiète pendant tout ce temps de convivialité. C'est la grande courbe de Sautron qui me fait très peur quand j'y pense.

Ce jour-là, quand je la prends, j'essaye de me conditionner comme si j'étais en auto-école, mais je ne suis pas du tout à l'aise tout en me disant que j'ai fait pire. Ensuite, je récupère, je roule moins vite qu'à l'aller, je ne veux pas forcer. Il y a du mieux pour la deuxième courbe, celle de Savenay, même si ce n'est pas encore très bien.

Quand j'arrive chez moi, je ne suis pas dans un état de résignation qui me pousserait à prendre la décision de ne plus y retourner, comme après certains retours traumatisants que j'ai pu vivre. Tout au contraire, j'ai l'impression que je suis en bonne voie pour mieux réussir les grandes courbes une autre fois.

Étonnamment, le brouillard qui m'accompagne lors d'un autre trajet vers Nantes s'apparente à une bulle protectrice, et la circulation dense à huit heures du matin ne met pas le mental en ébullition. Les émotions dues aux conditions extérieures s'effacent pour laisser place à un peu plus de confiance.

C'est aussi sur cette deux fois deux voies lors d'un nouveau trajet que j'apprivoise ma conduite parmi de nombreux camions. J'en distance un naturellement alors qu'il me collait un peu ; et j'en double plusieurs qui se suivent tout en surmontant, je l'avoue, une légère appréhension.

Les grandes courbes du retour continuent à me tourmenter quand je les aborde. Je les passe un peu mieux lorsque j'attribue un rôle de guide protecteur aux véhicules qui sont juste devant moi.

En dehors de ces points délicats pour lesquels je fais une fixation, je mets bien à profit le bénéfice acquis lors de ma leçon de conduite vers Nantes. Sur le conseil de Stéphane, j'écoute plus spontanément la radio ou de la musique en conduisant. Parfois des pensées rappelant les états de panique que j'ai connus refont un peu surface, mais elles disparaissent rapidement.

Mon cerveau est en voie de reprogrammation...

Montoir-de-Bretagne

Je parcours treize kilomètres sur la deux fois deux voies pour me rendre au théâtre de Montoir, je roule bien. La fin de la séance est un peu gâchée par une peur qui m'envahit : il risque de faire noir au retour, car la nuit tombe vite en ce début d'automne.

En effet, il commence à faire sombre quand je roule, mais cela n'a pas d'incidence sur ma conduite. Je suis étonnée de me placer assez naturellement sur la voie de gauche pour laisser entrer par une bretelle un grand car suivi d'un camion. Ensuite je les dépasse. J'ai donc bien conduit, à l'aller comme au retour.

Savenay

Sur la deux fois deux voies, j'ose quelques dépassements pour la satisfaction de sentir que c'est possible. J'adresse comme un petit clin d'œil à la route que je quitte quand je prends la sortie.

Aujourd'hui, l'angoisse et la sensation de vide ne sont que des souvenirs.

Cran-Neuf

Ce virage très bien réussi ce soir atténue la déception due à un à-coup, à une trajectoire imparfaite ou à des palpitations les jours précédents.

Mon évolution en auto-école :
– Un aller-retour positivement surprenant ;
– Aucune crise de panique redoutée ne s'est manifestée ;
– Avec l'aide du moniteur, les trois courbes inquiétantes du retour ont été prises en douceur et en confiance.
Mon évolution en conduite seule :
– Le mental est encore en assez forte agitation avant les départs ;
– Je vais maintenant à Nantes sans pause de récupération à Savenay ;
– Le passage des grandes courbes reste très inquiétant ;
– Le ressenti dans la zone sinueuse de travaux avant Nantes s'améliore ;
– Malgré la peur, une motivation pour refaire un trajet remplace l'évitement d'une remise en situation ;
– La courbe de Cran-Neuf peut de nouveau être bien prise après une perte d'assurance.

9

LE DOUTE PEUT S'ENGOUFFRER

Je vais à Bouaye, comme cela est convenu avec ma sœur. L'épaisse brume de ce matin ne me perturbe pas beaucoup ; pendant une bonne partie du trajet, je roule correctement. J'ai mis les feux antibrouillard et je suis un peu gênée à un moment par une voiture derrière moi qui m'éblouit. C'est la première fois que je roule avec si peu de visibilité depuis que j'ai commencé à prendre des leçons de conduite. Il me vient des questions à poser en auto-école.

Je redoute toujours les derniers kilomètres avant Bouaye, je quitte la route à deux reprises pour laisser passer les véhicules qui sont derrière moi. J'ai l'impression pourtant de mieux prendre certains virages, mais je ne supporte pas que l'on me suive, la fatigue de la route est là aussi sans doute.

L'agitation dans mon cerveau s'estompe quand j'arrive rue de la Gare. Je longe la voie ferrée. L'émergence de souvenirs ne se fait pas attendre. Des constructions ont maintenant remplacé le grand pré témoin de tous mes jeux d'enfance des après-midi d'été. Je le visualise avec une certaine nostalgie, quelques centaines de mètres avant la maison familiale.

Quand j'arrive, comme d'habitude, ma sœur s'enquiert gentiment de savoir si j'ai fait bonne route. Je suis rassurante, car il n'y a pas eu d'état de panique et une fois les virages passés, je suis sauvée, donc je peux dire que ça va.

Ce dimanche soir d'hiver, la nuit tombe très tôt. Le lendemain matin, le temps clair a remplacé la brume. Je suis en forme pour repartir.

Je repasse à côté du grand pré disparu. Tout près de la voie ferrée, un petit coin sauvage semble avoir été épargné. La mare est-elle toujours présente ? Les charmantes grenouilles ont souvent été complices de mes rêveries. Régulièrement je leur parlais alors qu'elles coassaient, mais leur grande réactivité me laissait dans l'illusion de pouvoir les attraper un jour.

En continuant ma route, je ne roule pas très bien. La fatigue ne semble pas en cause puisque je viens juste de partir. Cela rappelle un peu ce que j'ai décrit dans les moments qui précèdent une réelle panique quand j'ai l'impression que ma voiture ne va pas tenir la route. C'est cependant plus régulier et beaucoup moins fort, mais c'est angoissant.

Je sors de la route plusieurs fois pour la reprendre un peu plus loin, dans l'espoir que tout redevienne normal. Mais ce n'est pas le cas, je continue jusqu'à Saint-Nazaire avec cette impression bizarre. Cela me fait ralentir et me torture mentalement.

Quelques jours après, je constate que ma voiture, que je n'ai pas utilisée depuis ce dimanche, a un pneu dégonflé à l'arrière. Un dégonflement lent expliquerait-il que tout le long du trajet, je sentais un déséquilibre, et que ma voiture tirait sur un côté ? Il ne s'agissait pas du début d'un état de panique, mais le manque de confiance en moi a privilégié cette hypothèse à celle d'une défaillance matérielle.

Pour quelqu'un qui n'a jamais été en proie à un état de panique sur la route, il est difficile d'imaginer le ressenti que j'ai parfois essayé de décrire. Je peux tenter une comparaison qui me vient suite à l'incident du pneu.

Imaginez-vous sur une belle route avec un véhicule en bon état. Malgré tout, vous avez une sensation de déséquilibre qui s'intensifie au point de vous laisser soupçonner que la voiture va vous imposer une direction que vous ne souhaitez pas prendre. Vous voulez vous arrêter, mais subitement sur le tableau de bord, un voyant rouge clignotant vous alerte d'une défaillance des freins et met en doute votre capacité à vous arrêter.

C'est un peu cela, quand j'ai peur à la fois de continuer à conduire et de m'arrêter. Mais c'est mental.

Pornic

Je me sens bien sur la route de Pornic quelques jours après ce retour. Grâce au niveau de confiance que j'ai atteint, cet incident matériel n'a pas laissé de séquelles. Dans les courbes que je prends avec aisance, un beau message s'inscrit comme une parenthèse dans mon esprit : un jour, les virages de Bouaye et de la D5 leur ressembleront.

Leçon de conduite

Je suis attentive aux imperfections répétitives que je réalise. Je rétrograde trop avant un virage ; ma main droite intervient encore pour pousser le volant alors que je n'anticipe pas assez vite avec la main gauche pour la placer plus haut sur le volant. Trop préoccupée par la position des mains, je ne mets pas le clignotant à la sortie du rond-point… Progressivement je me corrige.

La mauvaise position des mains sur le volant entretient ce que Stéphane m'avait expliqué lors des premières leçons :
- la technique inadaptée ne permet pas au véhicule de donner une bonne réponse ;
- la mauvaise réponse apportée par le véhicule amplifie la peur...

Route de la Baule

Je roule assez bien quand je reprends des entraînements sur la Route bleue. Le passage de la courbe de Cran-Neuf au retour reste un peu incertain. Je peux avoir peur, sentir le vide, et douter de mon regard. Cela m'arrange d'aborder cette grande courbe doucement derrière une camionnette.

Bouaye

L'envie de retourner à Bouaye renaît malgré l'apparition des picotements dans la nuque et des palpitations lorsque par la pensée je revisite les endroits que je redoute. Une leçon de conduite m'aide à me faire confiance.

Une grande partie du trajet se fait sans encombre. Dans les derniers kilomètres, un arrêt sur un parking me permet de quitter les véhicules qui me suivent et de repartir ensuite plus tranquille.

Je suis presque arrivée, en approchant la petite gare SNCF, dont le parking aujourd'hui déborde de voitures, je laisse de lointains souvenirs resurgir. Ils affaiblissent les effets des empreintes laissées dans mon esprit et dans mon corps par la route effectuée.

Je n'étais encore qu'une adolescente quand je prenais le train dès 7 heures pour aller au lycée à Nantes. Ce lieu était plutôt désert, je marchais dans le noir entre la voie ferrée et les champs pour atteindre la gare, je revenais le soir vers 19 h 30. Aujourd'hui je roule entre la voie ferrée et des lotissements qui ont poussé comme des champignons.

Pendant les quelques heures que je passe à Bouaye, je ne pense au retour que de façon très furtive. Aucune image inquiétante ne s'impose à moi.

Malgré quelques picotements, le retour se passe bien. Je ne suis pas gênée par la voiture qui me suit et je ne pense pas la gêner. Je conduis normalement avec assurance. Je constate des progrès : la peur qui perdure à la fin de l'aller n'entache pas le ressenti avant et pendant le retour.

Corsept

Ce jour, la vitesse sur le pont de Saint-Nazaire est limitée à 50 km/h. En respectant cette restriction, j'ai peur de gêner alors que je n'en suis pas responsable. Cela crée un conflit intérieur, c'est terrible de me torturer ainsi, mais c'est bien ancré en moi. Après le pont, sur la route de Corsept qui longe l'estuaire de la Loire côté sud, je roule consciente d'avoir parfois fait mieux.

Trignac

Dès huit heures en cette matinée d'hiver, je me rends au garage de Trignac. J'ai une dizaine de kilomètres à parcourir sur la deux fois deux voies. Après mes crises de panique, je privilégiais des petites routes pour m'y rendre.

Près de la gare de Saint-Nazaire, j'arrive aux feux avec une flèche orange pour tourner à droite. La voiture qui est devant moi à l'arrêt se fait klaxonner, ce sera à mon tour dans la journée de me faire rappeler à l'ordre à cet endroit. Alors que la flèche est orange, il arrive à gauche des véhicules qui sont prioritaires, je ne peux pas m'insérer entre eux. J'ai l'explication lors de la leçon de conduite suivante : « On doit s'avancer un peu au-delà des feux jusqu'à la ligne blanche même si on ne passe pas ».

Au garage on me prête un véhicule diesel qui possède le système Stop and Start dont je n'ai pas l'habitude. Le moteur se coupe lorsque je ralentis ou lorsque je m'arrête. Il suffit de débrayer pour redémarrer. Je me souviens d'une explication à ce sujet en auto-école. Je m'adapte plutôt bien à ce véhicule que je ne connais pas. Le matin et le soir, je le conduis à une heure de pointe alors qu'il y a des travaux et qu'il fait presque nuit. Cela m'aurait beaucoup stressée il y a quelque temps. Je profite de l'un des bénéfices indirects de mon gain de confiance en moi.

En auto-école, je me suis très bien adaptée à plusieurs changements de véhicules. Je suis passée de la C3 à 5 vitesses à la C3 à 6 vitesses assez facilement. Un jour, Stéphane me dit qu'au prochain cours on roulera avec une Renault Mégane, elle est plus grande que la C3, cela aurait pu me perturber, mais j'étais aussi à l'aise qu'avec la C3. Un autre jour, c'est une Renault Captur avec boîte automatique que je prends facilement en mains.

Mon évolution :
– L'incident du pneu n'a pas laissé de trace dans le mental ;
– Un seul arrêt a été nécessaire avant Bouaye ;
– Le mental est plus calme avant le retour de Bouaye ;
– Tout un retour de Bouaye se fait sans impression de gêner ;

– Le travail de conduite induit une bonne adaptation à un véhicule assez différent et dans des conditions inhabituelles.

III

L'éveil du phénix

1

LA CHUTE DU MUR

Je conduis maintenant sur les deux fois deux voies et sur les routes assez droites sans retrouver les sensations de panique qui me paralysaient. L'impression d'immensité, de vide, de peur de ne pas rester dans ma voie peut surgir de façon très furtive, mais davantage sous forme d'une pensée que d'un ressenti.

Cependant la courbe de Cran-Neuf, de Sautron, de Savenay... et les virages vers Bouaye ou sur la D5 demeurent des difficultés qui m'agitent beaucoup : la peur d'aller dans le mur. J'essaye de comprendre mon mal-être dans ces courbes et virages. Je n'ai peut-être pas le temps comme sur une ligne droite de me rassurer en constatant que tout va bien. Quand on me dit de regarder loin alors que je vois comme un mur, je cherche à voir ce que l'on ne voit pas. Il me vient l'idée de savoir ce que je vois quand j'occupe la place du passager.

En auto-école

Ce jour-là je fais part à Stéphane de cette idée. Nous nous arrêtons sur un parking de la D5 et échangeons nos places.

N'étant plus à la place du conducteur, l'angoisse disparaît. Mon regard va au bout du possible, et s'adapte à chaque instant. J'arrive à mieux voir la sortie du virage sans la chercher et l'impression de mur n'est plus là.

Ces constats me rassurent vraiment sur mes aptitudes, je commençais à beaucoup douter de mes capacités et surtout de moi-même.

> *Le seul mur qui vous empêche d'avancer,*
> *c'est celui que vous créez avec vos pensées.*
>
> Christian Bobin

Le savoir, en être convaincu, ne suffit pas à s'en débarrasser, mais y réfléchir de cette façon enlève un peu d'irrationnel à la situation.

Cette citation est forte, elle me réconforte dans le sens où je sens qu'une possibilité doit exister et qu'une partie ne dépend que de moi.

Quand je reprends la place du conducteur, je conduis un peu mieux dans les virages. Le nombre de ceux dans lesquels je vois un mur tout en ressentant une forme de paralysie s'estompe. Je suis convaincue que cela va donner de l'espace à : « C'est possible, je vais finir par y arriver. »

Une porte s'ouvre, mon regard sur les virages se transforme à certains moments.

> *Dès que tu avances sur le chemin,*
> *le chemin apparaît.*
>
> Djalâl ad-Dîn Rûmi

Mais je pense que c'est trop tôt cependant pour que je comprenne au sens de « voir » comme sur la route de « la leçon miraculeuse ». En continuant les allers-retours sur la D5 entre les deux ronds-points, je progresse beaucoup. Je suis loin de prendre un virage sans peur et sans l'aide de Stéphane, mais une étape est franchie. Je suis donc très contente et très reconnaissante envers lui.

Pontchâteau

J'envisage un nouveau pôle d'entraînement. On en a parlé en auto-école et cela a fait son chemin. Après avoir longuement hésité, le jour où je décide d'y aller, en fin de matinée par une belle journée d'hiver, je m'autorise la possibilité de faire demi-tour éventuellement si cela ne va pas.

Pontchâteau est une ville située à une trentaine de kilomètres de Saint-Nazaire. Pour m'y rendre, je prends d'abord la deux fois deux voies que je connais bien, qui va vers Nantes, et je la quitte au niveau de Montoir. Pour la moitié du trajet qu'il me reste à faire, le plus rapide consisterait à prendre la D773, c'est une route très passagère à double sens de circulation qui passe par Besné, elle ne m'est pas familière et la représentation que je me fais d'elle m'inquiète.

Ma préférence est de choisir des petites routes tranquilles. Au niveau de la commune de Crossac, je me trompe un peu, mais ce n'est pas gênant, cela me fait réfléchir et prendre des initiatives de conducteur. La route est plutôt déserte et pour encore mieux apprécier le plaisir de conduire, il m'arrive de m'arrêter pour laisser passer un véhicule qui me suit. Plus précisément, c'est au Calvaire de Pontchâteau que je m'arrête.

L'air un peu frais et le soleil m'apportent du bien-être. La marche à pied que je fais dans ce calvaire fait resurgir des souvenirs d'enfance. Plusieurs cierges allumés dans des grottes fraîches et humides, et la cueillette délicate de quelques jolies petites violettes sauvages avec leurs racines pour les replanter et les adopter dans notre jardin...

Je me ressource en parcourant ce beau site insolite et mystérieux. Je passe un moment agréable qui va me permettre de repartir assez sereine.

Au retour, je repère juste deux petits virages qui me font légèrement réagir, le reste se passe bien. Je suis contente d'avoir fait cet exercice qui n'en est plus vraiment un quand ça devient agréable de bouger et de conduire. Stéphane me dit souvent que la conduite doit rester un plaisir.

Une bonne semaine plus tard, j'augmente la difficulté, je retourne à Pontchâteau en ne passant pas par Crossac, mais par Besné, la route plus directe et plus empruntée. C'est un dimanche, donc il n'y a pas de camions, c'est rassurant. J'ai quand même pris le temps d'y réfléchir avant de décider, car je suis un peu écartelée entre l'envie de le faire et la peur de le faire. Le dimanche matin, je finis par arrêter la lutte intérieure et je le fais.

À l'aller la route se passe bien. Je rentre dans Pontchâteau et je me perds un peu quand je cherche le calvaire, je n'arrive pas par le même côté que la dernière fois, mais je m'adapte plutôt bien. Après une marche agréable, je change d'avis pour le retour et je repars par Crossac, cela me rassure davantage, je décide que je reviendrai par Besné une autre fois. Je roule bien et ne rencontre pas de peur particulière dans les virages. L'effet de mur n'est pas présent.

Je suis contente avec un sentiment de liberté qui s'installe en moi. Je sens qu'il pourrait encore s'élargir, c'est ce qui me pousse à continuer ma démarche auprès de l'auto-école.

Le dimanche suivant, j'y retourne avec l'objectif de risquer enfin le retour par la route principale. L'aller par cette route se passe plutôt bien, mais la circulation est un peu plus dense que la dernière fois. Au retour, par Besné comme prévu, je sens parfois que je ralentis un peu trop, j'ai sans doute peur, et je suis gênée pour ceux qui sont derrière moi. Cela contribue à augmenter la peur, mais c'est loin d'être un état de panique. J'étais beaucoup plus tranquille par les petites routes.

Savenay

Je ne suis pas aussi à l'aise qu'en auto-école en allant à Nantes, mais je pars avec un mental qui ne s'emballe pas. L'appréhension qui m'accompagne en roulant ne m'envahit pas. L'ensemble me paraît réussi.

Pornic

Je ne devrais pas avoir de difficulté, je prévois seulement d'être un peu mal à l'aise à l'aller dans quelques courbes. C'est dans cet état d'esprit, maintenant sans tourment que j'envisage d'aller à Pornic régulièrement.

Les palpitations survenues sur une voie d'insertion ou lors d'une légère action inadaptée sur mon volant disparaissent rapidement. Je me libère mieux de mes émotions.

Les grandes descentes et remontées qui s'intercalent entre les courbes du retour favorisent un regard loin. C'est l'occasion de sentir sans crispation l'enseignement de Stéphane : les roues et le volant se remettent dans l'axe dès que l'on arrête de tirer le volant.

Mon évolution en auto-école :
– L'effet de mur dans les virages commence à disparaître ;
– Le blocage au niveau du regard dans les virages s'atténue ;
– Un espoir d'y arriver un jour renaît.
Mon évolution en conduite seule :
– Le mental est encore un peu agité avant un nouveau trajet ;
– Le résultat est plutôt positif dans une nouvelle zone d'entraînement et il n'y a pas de panique ;
– Le plaisir de conduire et le regain de liberté intérieure émergent doucement ;
– La prise des courbes s'améliore en allant à Pornic ;
– L'utilisation des gouttes du docteur Bach contre le stress s'est raréfiée jusqu'à disparaître complètement.

2

UN GRAND MOMENT DE LIBERTÉ

Mon travail sur la conduite automobile occupe beaucoup mes pensées de tous les jours. Le bénéfice que j'en tire s'installe progressivement, mais il prend son temps pour les virages. Il se développe curieusement dans ma vie personnelle.

Depuis plusieurs jours, je m'imagine faire un voyage en avion, aller à Boston rendre visite à mon neveu, ma nièce et leurs deux jeunes enfants.

Si tu peux le rêver, tu peux le faire.

Walt Disney

Quand on me connaît un peu, cela ne me ressemble pas. En effet, le moindre voyage m'angoisse. L'idée de prendre un avion habituellement est vite chassée par la peur de vivre une crise de panique et de ne pas pouvoir sortir. Je n'ai jamais voyagé en avion et je ne connais rien des aéroports.

Étonnamment, je ne tourne plus en tête ces idées qui me bloquent. C'est comme si un mur était tombé alors que celui des virages peut encore réapparaître. Entraînée par la liberté intérieure que me procure la conduite, je me mets à organiser ce voyage.

Cette idée a mûri pendant une période de vacances de mon moniteur d'auto-école. Quand il est de retour et que l'on reprend les leçons, je lui fais part de mon projet qui se prépare. Il trouve cela très positif, il ne s'y attendait pas, ce qui est logique, car je n'en avais pas eu l'idée avant.

Je fais une demande de passeport et je m'occupe des formalités nécessaires pour aller aux USA. Je visualise l'aéroport Charles-de-Gaulle sur Internet.

Je m'informe aussi auprès de ma sœur qui a l'habitude d'organiser ses propres voyages à l'étranger pour aller chez son fils. Au moment où je la tiens au courant de mon projet, elle ne manifeste pas d'étonnement, elle me pose quelques questions en particulier sur la date envisagée. Elle est de très bon conseil pour compléter les informations que je recherche et elle le fait naturellement comme si la situation était assez banale. Cela renforce ma confiance en moi pour aller de l'avant.

Nous sommes début mars, j'achète un billet pour partir en avril. L'action de prendre un billet n'est pas la même que de dire dans six mois, je partirai.

Je renforce mon anglais. J'écoute Coldplay et des chanteurs anglais de mon époque. Je retrouve les Beatles, Cat Stevens, Simon et Garfunkel… tout en m'imprégnant de la lecture des paroles en alternant entre le texte en anglais et la traduction en français. Je suis étonnée de constater les progrès que l'on peut faire en langues quand on est motivé. Je repère sur des sites les questions qui vont m'être posées en anglais à la douane.

Je fais ainsi beaucoup de recherches par moi-même, de façon assez tranquille et sans angoisse. C'est un peu comme un jeu auquel je me prête à mon rythme. Tout ce voyage se prépare simplement et avec plaisir. Quel changement ! Je cherche à conduire normalement, me voilà prête à partir en avion !

Les jours et semaines qui ont précédé cette décision subite, je sentais, grâce aux leçons en auto-école, un regain de liberté et de confiance en moi, en conduite et aussi en dehors.

Je me rends en train à Nantes chez ma sœur, la veille de mon départ. Le grand jour, elle m'accompagne à l'aéroport de Nantes Atlantique. Tout ce que je vois est nouveau, les files d'attente, les grandes baies vitrées, les grandes pistes et les avions... Un peu comme dans un rêve quand même.

J'entre dans l'avion qui fera escale d'abord à Paris. Je réalise que contrairement à un habitué, je ne connais pas les codes de la situation. Je préviens l'hôtesse que je prends l'avion pour une première fois et que je risque peut-être d'être un peu maladroite par manque d'habitude. Elle me rassure et je m'installe à ma place réservée tout au fond.

La sensation au moment du décollage est forte, elle n'est ni désagréable ni inquiétante, je sais que c'est normal.

Quand on vient me demander mon prénom, je suis étonnée et je pense que ma remarque en entrant a peut-être impliqué certaines vérifications. Ma surprise est encore plus grande et je suis comblée de joie lorsque l'hôtesse m'apporte un certificat de baptême de l'air à mon nom et signé par le commandant de bord ! Je suis très touchée par ce geste délicat de la part d'Air France.

Je découvre de nouveaux paysages, voler au-dessus de la couverture blanche et cotonneuse des nuages est assez agréable.

Le long voyage ensuite entre Paris et Boston se passe très bien, j'ai l'impression d'être bercée en permanence. Je m'adapte bien, je découvre les turbulences sans aucune angoisse.

L'accueil que me fait mon neveu à l'aéroport de Boston est très rassurant dans ce lieu sans repère. Mon neveu et ma nièce me reçoivent très chaleureusement. Ils savent naturellement mettre à l'aise et permettre d'être simplement soi-même. Le séjour m'offre l'occasion d'un dépaysement très agréable. L'inconnu pendant tout ce voyage s'est transformé en une expérience riche et intéressante à vivre, loin d'une angoisse à subir.

Je ne regrette pas de ne plus être tout à fait la même. C'est une vraie thérapie comportementale que je fais en roulant en auto-école pour retrouver la capacité de conduire.
Parfois on me demande ce qu'il s'est passé pour que je fasse un tel voyage. Je réponds que les murs de la peur qui m'en empêchaient, en tombant d'un seul coup, ont laissé place à l'envie. C'est une conséquence de mon travail en auto-école. J'ai fait une petite pause quand je suis allée aux USA. Je me suis offert un grand moment de liberté.

Quand je reviens chez moi, ma première préoccupation est de retrouver mes chats. Je sais qu'ils ont été nourris, mais peut-être m'ont-ils cherchée ? C'est Pépino et Caramel que je croise d'abord. Je suis rapidement rassurée quand Chabothé revient d'un pas nonchalant du fond du jardin. Les autres tournent un peu en rond dans le salon en me voyant arriver chargée.

Mon évolution : Gain de confiance et envie de liberté
– Le bénéfice s'accomplit en dehors de l'objectif premier ;
– Ce voyage en est une conséquence inattendue ;
– Ce qui aurait pu être angoisse est plaisir et découverte ;
– C'est aussi à cette époque que je recentre mon lit bloqué contre le mur de ma chambre à une période de forte angoisse.

3

LA LOGIQUE DE L'ÉVITEMENT

L'angoisse m'avait obligée à développer des pratiques d'évitement. Après chaque crise de panique en voiture, je les renforçais. Ma vie s'organisait de plus en plus autour de : chercher des horaires de train, contourner en voiture les itinéraires directs, éviter de sortir de la ville et même de chez moi.

Je devais puiser de l'énergie dans mes ressources intérieures pour anticiper, calculer, trouver le bon justificatif face aux autres.

Depuis le début des leçons de conduite, cela a bien évolué. Je suis beaucoup sortie pour m'entraîner sur la Route bleue. Je vais au garage de Trignac par la deux fois deux voies sans me poser de questions. Je ne contourne plus l'itinéraire pour aller à Bouaye.

À mon retour des USA, il m'arrive d'espérer que mes peurs en voiture se soient évaporées. Je rêve et j'espère, cela fait du bien. En auto-école la peur est moins présente, sans doute sous l'effet d'une forme d'excitation due au voyage et aussi au travail fait par l'inconscient pendant cette pause. Quand je reprends ma voiture, malgré un léger mieux, la peur d'avoir peur revient.

Savenay

À l'aller, le souvenir des véhicules beaucoup plus imposants des USA me fait paraître les poids lourds moins gros.

Au retour, je suis confrontée à une hésitation pour doubler un camion. Je rentre dans une phase d'évitement. J'ai en mémoire l'expérience d'un dépassement lors duquel la peur d'être à gauche a engendré une difficulté à me rabattre. Je cherche à éviter que cela se renouvelle, je reste derrière et la peur augmente. La peur induit l'évitement et l'évitement augmente la peur…

Quand j'arrive à la courbe de Prinquiau, avec la réduction de vitesse à 90 km/h, je me dis que j'ai bien fait de ne pas m'engager dans un dépassement. Je réussis bien la courbe en restant à droite.

Stéphane m'explique en cours que ce n'est pas une bonne démarche de se poser la question de doubler ou non une fois que l'on est juste derrière le véhicule. C'est mieux d'anticiper, mais ce n'est pas facile.

L'ensemble du trajet est plutôt réussi, sans peur au niveau des courbes et avec un assez bon maintien des vitesses. Il y a eu évitement pour doubler, mais pas pour le trajet lui-même.

Les trois semaines d'arrêt de conduite ne m'ont pas fait perdre ce que j'avais gagné en technique de conduite et en confiance.

Bouaye par le pont de Cheviré

La veille au soir, une certaine confusion règne dans mes pensées. L'angoisse et l'envie d'aller à Bouaye s'entremêlent. Ce qui me prend la tête est de devoir affronter les virages près de Bouaye. Je ne remets pas en question pour autant ma décision d'y aller. Je me dis que demain dimanche, je peux encore y renoncer. Je trouve une solution d'évitement en modifiant complètement l'itinéraire. Je vais prendre la deux fois deux voies au nord de la

Loire vers Nantes puis rejoindre le sud Loire en empruntant le pont de Cheviré. Cela me fera un bon exercice de conduite.

Privilégier le pont de Cheviré est surprenant, car beaucoup de gens ont peur de le traverser et l'évitent si possible. Ce pont est un tout petit peu moins haut que celui de Saint-Nazaire, il est deux fois moins long, mais avec ses deux fois trois voies de circulation, le trafic y est continuellement très dense. Il est possible que la traversée devenue agréable du pont de Saint-Nazaire affaiblisse mon appréhension de prendre ce pont. Lorsqu'il s'agit de survie, le cerveau sait faire le meilleur choix. Je lui fais confiance et le dimanche, le oui l'emporte sur le non.

L'avantage de ce jour est l'absence de camions sur le pont, cela change tout. La route vers Nantes se passe bien, même au niveau des travaux du côté de Malville. Ensuite, par fatigue sans doute, je réduis un peu ma vitesse. Le point sensible qui persiste est celui de la sortie vers Nantes-Ouest. La courbe à droite est très prononcée. J'ai peur juste quelques instants, puis je me sens bien.

Je prends la direction du pont de Cheviré, je n'y suis pas habituée, mais je m'adapte assez bien. Je suis d'abord sur la deuxième voie du pont et je cherche à aller le plus rapidement possible sur la première. Le marquage au sol un peu effacé me fait hésiter, mais j'y arrive.

Ensuite je prends la première sortie. Ce n'est pas le pont lui-même qui m'impressionne, c'est plutôt cette sortie qui se fait alors que j'entame le début d'une courbe à gauche. Je ressens un peu de peur lors de cette manœuvre. C'est comme si je devais répondre en même temps à deux consignes contradictoires. Cela est de la même nature que le malaise ressenti lorsque, sur une deux fois deux voies, après avoir effectué un dépassement dans une courbe à gauche, je dois me rabattre à droite.

Puis la peur disparaît et je trouve facilement la direction de Bouaye. Il n'y a pas beaucoup de circulation et pas de virages semblables à ceux que je cherche à éviter par la route habituelle. La stratégie d'évitement est plutôt bénéfique.

Pour le retour, je me torture à propos du choix de l'itinéraire. Pourquoi je redoute autant la route directe par Pornic ? L'autre route passe par Nantes, je vais devoir affronter les deux courbes à gauche inquiétantes. Je vais devoir aussi prendre le gros rond-point de la porte d'Armor après le pont de Cheviré. Pourquoi tout est-il redevenu si compliqué ?

En partant de Bouaye, je décide de rejoindre le pont de Cheviré. Je circule d'abord sur une route qui ne m'est pas familière. Cela réveille en moi le souvenir de mon voyage à Boston, plein d'inconnues en avion. Tout s'était bien passé. Cela m'aide à poser un regard plus assuré sur cette route.

La traversée du pont ne me fait pas particulièrement peur. Je guette les sorties. Pour quitter le pont de Cheviré, c'est celle d'Atlantis qui va me faire éviter le gros rond-point de la porte d'Armor. Je m'adapte plutôt bien ensuite avec les tramways et les ronds-points pour retrouver la direction de Saint-Nazaire.

J'ai peur en arrivant à la grande courbe de Sautron à la sortie de Nantes, comme si je risquais de perdre tous mes moyens et d'aller tout droit. Je suis bien placée dans la courbe, je pense faire ce qu'il faut avec le volant, mais je freine trop, je suis descendue à 60 km/h. La deuxième courbe au niveau de Savenay se passe moins mal, je réussis à bien suivre la courbe en tirant sur le volant avec une vitesse de 80 km/h. Pour la courbe de Prinquiau, c'est moyen, j'ai fait mieux, mais ça passe.

Je suis contente pour l'ensemble du trajet, mais je reste en échec dans les courbes. Je ne peux pas m'empêcher de penser que je n'y arriverai peut-être jamais.

> *L'échec est le fondement de la réussite*
>
> Lao Tseu

Guérande

Jardiland est pour moi un bon endroit de détente et de récupération. J'éprouve une certaine satisfaction quand je double deux camions. Je reste cependant derrière deux autres, car je sais qu'il va y avoir une réduction de la limitation de vitesse. Je ne veux pas entreprendre un dépassement dans ces conditions. Je réussis bien le passage du gros rond-point de Guérande à l'aller comme au retour. Il ne me vient pas à l'idée de ne pas me positionner à gauche par évitement.

Un autre jour, alors que je reprends bien ce gros rond-point, sur un autre qui est un peu plus loin, je rencontre une difficulté. Après m'être mise sur la file de gauche pour effectuer trois quarts de tour, je suis un peu gênée par un véhicule qui est à ma droite au moment de sortir. À l'entrée du rond-point, il devait déjà être à côté de moi. Je ne l'ai pas assez suivi du regard dans le rétroviseur, je me suis donc laissé surprendre.

La courbe de Cran-Neuf au retour reste incertaine. Je peux la prendre correctement malgré l'appréhension ou alors je peux vraiment sentir la peur quand en même temps je pense à celle de Nantes.

Route de La Baule

En début de soirée, je profite du beau temps dans mon jardin. Je réinstalle quelques petits cailloux blancs et noirs que les chats ont déplacés. Je rends ainsi plus nets les contours de la décoration yin yang que j'ai dessinée au sol.

Tout en profitant de ce présent un peu méditatif, mon esprit se prépare à un futur très proche plus mouvementé. Le moment est venu de retourner faire un court entraînement sur la Route bleue avec la courbe de Cran-Neuf en finalité. L'évitement serait plus facile, mais je suis davantage dans la dynamique d'agir.

Sur la route, c'est plutôt bon signe quand je fais attention à ne pas dépasser la vitesse autorisée, cela signifie que je ne force pas. Je prends la première sortie comme prévu, le passage dans la courbe de Cran-Neuf est mieux que la veille, je tourne bien et la peur est moins grande.

Le lendemain, quand j'y retourne, c'est encore mieux. C'est encourageant.

La D5

Je n'essaye plus la D5 seule, il y a trop de virages, de voitures et de camions, derrière moi et en face, c'est trop dur. Je pratique l'évitement total ! Je prends cette route seulement en auto-école.

Mon évolution :
– L'agitation du mental a conduit à une grande stratégie d'évitement ;
– Assez bonne adaptation à des lieux nouveaux : sur le pont de Cheviré, sur la route et en ville ;

– la courbe de Prinquiau est de nouveau bien prise ainsi que la zone de travaux au niveau de Malville ;
– La peur persiste dans les grandes courbes et l'évitement de la D5 est total ;
– Du mieux ponctuellement dans la courbe de Cran-Neuf.

4

« ÇA TOURNE TOUT SEUL »

En auto-école

Cette belle journée d'été en auto-école sur la D5 m'apporte une grande surprise. Dans les ronds-points, je suis plus à l'aise. Dans de nombreux virages, l'angoisse, les efforts intérieurs pour surmonter la peur, les picotements et l'accélération cardiaque disparaissent ce jour-là !

Je fais donc l'expérience d'une conduite plus fluide, et l'expression qui me vient est : « ça tourne tout seul ». En même temps, il m'est plus facile de parler et de suivre une conversation.

Je suis tellement contente de ce changement dans le ressenti que j'ai envie de crier « Grand merci, Stéphane, on va y arriver ! » C'est comme un rêve qui commence à se réaliser.

La peur juste avant les virages reste cependant présente, mais cela n'enlève rien au changement manifeste. Donc en auto-école après la phase de la chute du mur, je rentre dans celle de « ça tourne tout seul ».

Bouaye

Avant de partir, c'est de façon beaucoup plus légère que la dernière fois que je pense à la partie de la route qui me fait peur.

Le mental s'est calmé, il ne me vient pas à l'idée de compliquer l'itinéraire en passant par le pont de Cheviré. En privilégiant un trajet direct, je sors de la logique d'évitement qui n'a été que ponctuelle.

Le pont de Saint-Nazaire et la Route bleue vers Pornic restent des étapes rassurantes. Je gère mieux le désagrément que me produit le camion qui me colle un peu alors que je suis à la vitesse maximale autorisée. Je me dis qu'il n'a qu'à me doubler. Il finit par le faire quand je quitte la deux fois deux voies après Pornic pour prendre la direction de Bouaye.

La peur dans le dernier quart du trajet est beaucoup moins forte que lors de mon dernier passage. Je ralentis un peu, mais pas au point de gêner. Techniquement je sens que je prends bien les virages, je profite des progrès ressentis en auto-école qui se traduisaient par « ça tourne tout seul ».

Quand je dépasse le bourg de Bouaye, la tension disparaît comme si j'étais déjà arrivée à destination.

Alors que je m'approche du pré qui n'existe plus que dans mes souvenirs, le passé remonte.

Durant quelques étés de nos tendres années d'enfance, ma sœur et moi nous étalions notre couverture dans ce pré chez notre copine de jeux. Sa grand-mère, installée dans sa chaise et souvent partie dans ses propres pensées, maintenait une surveillance discrète sur nous tout l'après-midi. Une année, un jeune garçon de l'assistance publique complétait notre petit comité, je me souviens de son sourire émerveillé lorsque l'on déballait les sacoches de nos vélos remplies de nos jeux.

Je sors de mes rêveries en me garant dans le petit chemin derrière la maison de campagne de ma sœur. Quand elle me demande comment cela s'est passé sur la route, je suis assez brève, mais rassurante. J'ai en tête les derniers virages que j'ai mieux pris que d'habitude.

Au moment du retour, je suis assez confiante. Une dizaine de kilomètres après Bouaye, je roule à 90 km/h sur la petite portion de route sur laquelle la vitesse est limitée à 110 km/h. Je récupère des virages qui ont précédé. Le reste se passe correctement, rien d'inquiétant ne refait surface.

Corsept et la D5

Je n'ai toujours pas repris les entraînements seule sur la D5 depuis des retours très difficiles dans le sens Saint-Père-en-Retz–Saint-Brevin. Quelques semaines après la bonne évolution en auto-école dans les virages, je suis tentée de réessayer, donc de rompre l'évitement.

Après le passage du pont, je me rends à Corsept par la route directe qui a moins de virages que la D5 et que je commence à bien apprivoiser. Tout va bien malgré une hésitation dans une courbe dans laquelle il y a un cycliste.

Je prends ensuite une petite route tranquille et j'arrive au rond-point qui me permet d'accéder à la D5. En en faisant plusieurs fois le tour, j'évite d'avoir derrière moi une grosse voiture, un véhicule de service et un gros camion. Mon regard est moins concentré sur la trajectoire que sur l'arrivée éventuelle de voitures. Je me sens plutôt à l'aise ; sans effet de vide, je peux vraiment dire : « ça tourne tout seul ».

Arrivée sur la D5, je suis sur mes gardes. J'ai des palpitations et des picotements, c'est moins bien qu'en auto-école. J'accumule quelques désagréments : une camionnette me suit, j'arrive à la côte où l'on ne voit pas ce qu'il y a après, je croise un camion, et je freine trop en prenant un virage. Je quitte la route, je me retrouve dans un camping, puis je reviens.

Malgré ces pertes de confiance, techniquement, dans certains virages, je progresse bien. Je m'approche vraiment de : « ça tourne tout seul ».

Quand je reprends la deux fois deux voies en direction du pont, je ressens quand même un grand soulagement comme si je sortais d'un enfer. Mes faiblesses n'ont pas de répercussion sur ma conduite sur le reste de la route. Je me mets naturellement sur la voie de gauche pour laisser entrer un camion par une bretelle. De nouveau tout va bien.

Cran-Neuf

L'attention particulière à bien lever la main gauche sur le volant avant la courbe est bénéfique : « ça tourne tout seul ». Je suis satisfaite d'un passage plutôt réussi même si ce n'est pas aussi bien qu'en auto-école.

Batz-sur-Mer

Je décide de faire un peu de route : 25 kilomètres pour me rendre à Batz-sur-Mer en passant par Guérande et les marais salants. C'est une journée d'été dite « rouge ». En cours de route, l'idée que je devrais peut-être abandonner ne fait que passer. Ce n'est pas la circulation qui est la cause de mes peurs, alors je continue.

Je prends assez bien le gros rond-point de Villeneuve à Guérande. Ensuite, je m'adapte à la route des marais qui, sans être à sens unique, a une seule voie de circulation avec une bande cyclable de chaque côté. L'eau de part et d'autre m'impressionne beaucoup. J'ai quelques picotements à la nuque. Je me rends à la biscuiterie à l'entrée de Batz-sur-Mer. Je me fais plaisir en ressortant avec des caramels au beurre salé au sel de Guérande et autres petites gâteries.

Au retour après les marais, comme il n'y a personne derrière moi que je risque de gêner, je relâche la pression en ralentissant un peu. Tout se passe bien sur le gros rond-point de Guérande et sur la deux fois deux voies. Dans la courbe de Cran-Neuf, une courte impression de vide revient. Elle me rappelle celle que j'ai eue en abordant une descente sur la D5.

Pornic

Une circulation dense s'annonce cette veille de 15 août. Cela n'altère pas mon envie de conduire. Je gère plutôt bien l'entrée de véhicules par les voies d'insertion. J'adopte l'enseignement de Stéphane : « ne pas surprendre celui qui me suit, prendre une décision et garder une marge pour la changer au dernier moment si nécessaire ». Malgré un peu d'appréhension, en redoublant de vigilance, je m'adapte bien au trafic important.

En effectuant un dépassement dans une courbe, donc sans voir l'horizon comme dans une ligne droite, je peux dire à nouveau « ça tourne tout seul ».

À mon retour, je sens que rouler m'a vraiment fait du bien au moral. C'est nouveau de faire l'expérience d'une conduite qui s'apparente à une promenade qui apporte du mieux-être.

Nantes

En ce jour de trafic important, je pars à Nantes pour un déjeuner amical. Après tant d'années écoulées, il aurait été plus facile de ne pas donner suite à cette idée de reprise de contact avec une très ancienne connaissance.

Les mêmes ressources que celles qui m'ont conduite aux USA il y a quelques mois m'ont fait trouver en moi la simplicité d'aller à cette rencontre. C'est une forme de dépassement de soi en douceur, comme peut l'être la conduite sur la route.

Arrivée à Nantes avec l'aide de mon intuition et de mon GPS, malgré quelques hésitations, je trouve ma destination sans me tromper dans un quartier qui ne m'est pas familier.

Au retour, j'affronte le gros rond-point de la porte d'Armor par une entrée par laquelle je ne pensais pas arriver. Je me place à gauche pour atteindre la troisième voie du rond-point. Ensuite, avec attention, j'utilise le clignotant et je m'insère sur la deuxième puis sur la première voie, pour sortir enfin et prendre la direction de Saint-Nazaire. Après coup, je me demande comment j'ai pu réussir un tel exploit. De l'extérieur, on pourrait dire que cela tournait tout seul sur ce rond-point.

Chez moi, je regarde le schéma que Stéphane m'a fait sur mon carnet de bord pour les ronds-points à six sorties symétriques. C'est la règle 1 1 1 2 3 3 qui donne le rang de la voie sur laquelle on se place :

– pour les trois premières sorties, on se met sur la première voie ;

– pour la quatrième sortie, on se met sur la deuxième voie ;

– pour les cinquième et sixième sorties, on se met sur la troisième voie.

J'aurais dû rentrer seulement sur la deuxième voie du rond-point !

Mon évolution en auto-école :
– Disparition de l'effet de vide dans les ronds-points ;
– Apparition du ressenti « ça tourne tout seul ! » dans les virages.
Mon évolution en conduite seule :
– Le mental s'apaise beaucoup avant les départs ;
– Les camions derrière moi me perturbent moins ;
– Sur la route de Bouaye, je ne fais plus d'arrêt quand je suis suivie et je sens de nets progrès dans les derniers virages ;
– La bonne adaptation à une circulation dense se confirme ;
– Le plaisir de conduire refait son apparition ;
– Une manœuvre très délicate est plutôt réussie sur le gros rond-point de Nantes.

5

« DE BEAUX VIRAGES »

En auto-école

J'ai déjà bien progressé dans les virages :
- J'ai réappris les techniques détruites par les crises de panique et j'ai gagné en confiance ;
- Le travail sur le regard tend à faire disparaître l'impression de mur, et une certaine fluidité me fait sentir que parfois, ça tourne tout seul.

Dans l'une des dernières leçons, Stéphane me fait constater que je viens de prendre « un beau virage » qui tourne beaucoup, sans prêter une grande attention au gros camion que je croise en même temps. Habituellement, j'ai le réflexe de pousser un petit cri d'effroi ou de dire à haute voix « Il y a un camion ! » Cela me permet d'évacuer la tension.

C'est une belle réussite de ne plus être submergée par la peur du camion et de prendre « un beau virage ».

Mais c'est quoi, un beau virage ?

C'est un virage réalisé avec toutes les conditions suivantes en même temps :
- Le regard est loin ;
- Le tirage du volant est souple ;

- L'allure est adaptée au rayon du virage.

Les progrès se confirment, je franchis une nouvelle étape, et petit à petit, des peurs disparaissent. En fin d'été, je vais donc recommencer à me lancer dans ces virages en dehors des leçons de conduite.

Corsept suivi de D5

De mauvais souvenirs de retours par la D5 marquent profondément mon esprit. C'était très difficile, fait à l'arraché, j'y arrivais en combattant des résistances à chaque instant, avec une peur constante.

Puis, malgré une tension intérieure non négligeable, ponctuellement, les dernières fois, je sentais du mieux. Techniquement, je commençais à très bien prendre certains virages à gauche et parfois je pouvais approcher le « ça tourne tout seul » ressenti en auto-école.

Je reprends mes entraînements vers Corsept en faisant un retour par la D5.

Sur la route de Corsept, malgré une petite méfiance dans la toute dernière courbe, je conduis bien. Je monte plus naturellement jusqu'à la vitesse autorisée, les progrès se confirment.

Pour le retour, je rejoins la D5 en direction de Saint-Brevin. Ce n'est pas aussi limpide. J'ai comme « une épreuve » à affronter. Je cherche les meilleures conditions pour y arriver. Au rond-point je tourne un peu plus d'un tour complet pour éviter d'être suivie. Je quitte parfois la route, au risque de me perdre et de me réfugier dans une ferme, puis je reviens vite sur la route.

Il existe bien quelques lignes droites entre les virages ! Au début je les occultais, aujourd'hui, je force un peu dessus pour approcher la vitesse autorisée.

Dans les virages ma vitesse est assez irrégulière, mais je me sens mieux et j'ai une impression de progrès quand je ne donne pas de forts coups de frein. Jusqu'à présent, au mieux j'avais ressenti dans quelques virages que cela tournait tout seul. Aujourd'hui l'inattendu arrive.

Dans deux virages successifs, je suis consciente de prendre les deux plus beaux virages que je n'ai jamais pris avec ma voiture sur cette route. J'ai bien dit « beaux virages », Stéphane dirait : « ils sont beaux, ceux-là ! »

Je continue par un grand virage à gauche, je perds beaucoup la vision de mur, et je n'ai pas de picotements à la tête en le prenant.

Tout cela se passe sur une petite fraction de la route sinueuse. C'est tout petit, mais nouveau et plein d'espoir, donc c'est beaucoup et je m'y accroche.

> *Certains regardent la vase au fond de l'étang*
> *et d'autres contemplent la fleur de lotus*
> *à la surface de l'eau. Il s'agit d'un choix.*
>
> Dalaï-Lama

Pour rester honnête, c'est quand même un soulagement d'arriver au rond-point de Saint-Brevin, de prendre le pont vers Saint-Nazaire et finalement la deux fois deux voies. Mais j'ai vécu quelques moments inespérés !

La bonne technique acquise me permet de sentir que c'est bien dans certains virages, et mieux au niveau du ressenti. Malgré la peur et la lutte contre l'appréhension, je vais y retourner.

Encore trop souvent, la peur d'avoir peur, l'impression de vide et les palpitations peuvent ressurgir. Je suis soulagée quand je sors des parties sinueuses de cette route et étonnée qu'il y ait autant de virages. Je fais pourtant souvent cette route en auto-école, mais la concentration et la peur me focalisent localement en excluant une vue globale.

Quand j'arrive à Saint-Brevin, c'est de nouveau un soulagement, mais je suis contente d'avoir refait les neuf kilomètres entre les deux ronds-points.

Il m'est arrivé en n'étant pas très en forme de me faire un peu violence pour y retourner. En arrivant devant la D5, sentant que cela allait être trop dur, j'ai aussitôt fait demi-tour, ce n'était pas mon jour. Mon échappatoire est alors une petite route très calme sur laquelle je roule doucement.

Pour terminer cette série d'entraînements sud Loire, je fais un bel aller-retour direct vers Corsept sans passer par la D5. La pluie ne gâche même pas le plaisir de cette belle conduite avec une certaine courbe très bien prise. La chance aussi de ne pas avoir de voiture derrière moi ?

Je ne devrais pas parler que de chance, mathématiquement, comme je roule bien en atteignant les vitesses autorisées, la probabilité que des véhicules me rattrapent diminue.

Je crois beaucoup en la chance ; et je constate que plus je travaille, plus la chance me sourit.

Thomas Jefferson

Lors d'un retour, en approchant Saint-Nazaire, je me sens maladroite avec ma main gauche dans un rond-point. C'est peut-être lié à une fatigue passagère, car je n'ai pas l'habitude d'être ainsi gênée dans cette manœuvre, je pensais que c'était bien acquis. Ma main tire le volant tout en utilisant le clignotant…

J'en parle à Stéphane en leçon de conduite, il me rappelle ce que doivent être les différentes étapes dans le rond-point :
- La main gauche tire le volant ;
- On relâche la pression ;
- On tire éventuellement à droite ;
- On sort du rond-point et en même temps le clignotant est mis à droite par la main gauche.

Mon évolution en auto-école :
– Meilleure adaptation aux véhicules, surtout aux camions ;
– Davantage de souplesse dans les virages et moins de peur ;
– La confiance augmente et la technique s'améliore jusqu'à la réalisation de « beaux virages ».
Mon évolution en conduite seule :
– L'aller et le retour par la route directe vers Corsept deviennent une réussite fiable maintenant ;
– L'initiative de retourner sur la D5 revient ;
– Sur la route de retour par la D5, le ressenti très ponctuel, pour la première fois, de « beaux virages » est très encourageant.

6

CONFIANCE ET SENS DE L'ORIENTATION

Je connais bien des situations où la peur me bloque. Je perds la capacité d'évaluer l'environnement pour m'y adapter au mieux. Je perds le sens de l'orientation.

L'établissement scolaire dans lequel je travaillais avait ses ailes de bâtiments paires et impaires. Ses escaliers et ses couloirs ne communiquaient pas tous entre eux, il ne fallait pas se tromper au risque de s'engager dans une voie sans issue. Dans les cauchemars qui pouvaient hanter mes nuits la veille de chaque rentrée, je me débattais, perdue dans ses couloirs.

En auto-école

En auto-école, j'ai parfois pris conscience de perte de repère dans l'espace qui m'entoure. Lors de ma toute première leçon, je ne savais pas que l'on stationnait au Bois-Joalland que je connais pourtant bien. Après cette leçon, je garde un très vague souvenir des routes parcourues alors que j'ai plutôt une bonne mémoire. L'émotion réduit la conscience de mon environnement.

Lorsque nous faisons demi-tour au rond-point près de Saint-Père-en-Retz pour reprendre la D5, souvent je me trompe, je suis tentée de prendre la sortie qui précède. Stéphane me donne alors la démarche très logique à suivre pour s'orienter sur un rond-point que l'on ne connaît pas.

On regarde d'abord le rang de la sortie souhaitée sur le panneau qui est en amont, et sur le rond-point on compte. Je me souviens lui avoir dit que pour ce rond-point, il n'y a pas de panneau. Il n'a rien dit, il m'a laissée découvrir seule la réalité.

Quelle surprise et quelle honte, quand peu de temps après je vois cet énorme panneau qui existe bien avant le rond-point !

Quand on est sur la D5, on fait plusieurs fois le trajet aller et retour du rond-point de Saint-Brevin au rond-point de Saint-Père-en-Retz. Un jour, je dis que l'on en fait bien une dizaine à chaque fois. En fait, on en fait trois à chaque leçon ! De plus, il est rare que je sache dans quel sens on est. La peur des virages, des voitures et des camions me met des œillères, une partie de la réalité extérieure m'échappe. Au fil des leçons de conduite, je gagne en confiance et, ponctuellement dans certaines circonstances, le sens de l'orientation s'améliore nettement.

Saint-Brevin

Après le passage du pont, je commence à mieux repérer l'accès à la D5 sur laquelle j'ai l'intention de parcourir une petite portion de 3 km. J'en ressors avec la conviction d'avoir des ressources pour m'améliorer encore. Cet élan d'optimisme me fait prendre une décision un peu surprenante.

Depuis des années, le souvenir de la crêperie où j'ai été saisonnière dans un quartier de Saint-Brevin quand j'étais étudiante revient épisodiquement. Je sais que la route d'accès a beaucoup changé. La peur de ne rien reconnaître et de paniquer en étant engagée sur une voie inconnue éloigne habituellement en un temps record toute tentative de m'y rendre.

Ma décision d'y aller se fait assez naturellement. Je reconnais le château d'eau, mais tout le reste a beaucoup changé. Je m'adapte bien à la route inconnue, aux ronds-points et à l'itinéraire du retour. J'ai dépassé les phobies qui m'empêchaient depuis des années de tenter cette petite aventure. Je viens de réussir un bon exercice d'orientation.

Nantes

Je me rends à un déjeuner amical. La pluie d'automne et cette journée de grève ne modifient pas ma décision. J'ai presque la conviction que je vais m'adapter à toute circonstance.

Malgré la circulation assez dense, je m'insère correctement sur la deux fois deux voies. Je jongle un peu entre les camionnettes et les camions, ponctuellement je double avec un gain d'assurance.

La fatigue, la peur de la zone de travaux, le risque de rater la sortie de la nationale me font ralentir en m'approchant de Nantes.

Dans la ville, malgré quelques hésitations, je m'oriente plutôt bien parmi les petites rues à sens unique.

Au retour, au gros rond-point d'Armor, je fais l'expérience d'une entrée avec beaucoup de circulation. M'engager est le fruit de mon évaluation et de mon ressenti. Bouger pour ne pas gêner n'est plus la priorité.

Dans la grande courbe de Sautron, derrière un camion, je fais un peu mieux que la dernière fois. Ensuite je récupère puis je double quelques camions jusqu'au moment où je sens qu'il est temps de revenir sur la file de droite pour me sentir plus à l'aise. Avant de rentrer, j'ai prévu de faire un détour.

Petit détour vers Savenay

Avant de rejoindre Saint-Nazaire, je vais m'arrêter du côté de Savenay pour un petit goûter. L'itinéraire pour arriver à la destination prévue ne m'est pas familier, mais la confiance acquise me permet de m'orienter sans inquiétude.

Avec un peu de fatigue, je reprends ensuite la route vers Saint-Nazaire. Je suis attentive à la courbe de Prinquiau sans en avoir vraiment peur, cela confirme les progrès repérés à cet endroit.

L'ensemble de cette grande journée est plutôt positif, sans panique, malgré la peur ponctuellement. Pendant quelques jours ensuite je ne conduis pas pour bien récupérer.

Pornic

En passant le pont de Saint-Nazaire en direction de Pornic, j'envisage un trajet facile et agréable.

Des travaux m'empêchent de prendre la sortie Pornic-Ouest. Je suis un peu perturbée, je n'ai plus mes repères habituels. J'ai peur de me tromper et de me retrouver sur une route inconnue. Après quelques minutes d'errance, je renonce à la facilité qui serait d'abandonner en reprenant la direction Saint-Nazaire. Je me motive et me rassure intérieurement.

Pourquoi ne pas faire taire le stress en passant près du port et profiter du paysage en observant la mer et les voiliers ? Pourquoi ne pas simplement considérer la situation comme un exercice sans gravité sur l'orientation ?

Je cherche Pornic-Ouest. Je me souviens des conseils de Stéphane me disant que lorsque l'on est perdu dans une ville, le mieux est de chercher le centre-ville. Je n'hésite pas quand je vois la direction Pornic-Centre, j'y vais et je trouve facilement comment me rendre au centre commercial que je cherche.

Arrivée dans la jardinerie, je me ressource parmi les plantes et les fleurs. Je me fais plaisir avec quelques achats. Pour le retour, malgré les travaux, c'est beaucoup plus simple.

Arrivée chez moi, je peux faire quelques plantations de bulbes tout en déjouant les espiègleries des chats qui salissent leurs pattes de velours dans la terre fraîchement retournée.

Sur les deux fois deux voies

Gérer l'espace dont je dispose parmi les autres conducteurs me paraît faire aussi appel au sens de l'orientation. En allant à Pornic, à Guérande ou à Nantes, j'en fais souvent l'expérience. J'essaye d'appliquer ce que j'ai appris, c'est-à-dire que j'adapte au mieux ma décision à la situation.

Lors d'un dépassement, je regarde si je peux m'insérer ou non sur la voie de gauche. Pour me rabattre sur la voie de droite, je dois mettre la bonne distance entre le véhicule que je double et moi sans oublier l'utilisation du clignotant. À l'arrivée de véhicules sur une bretelle, si possible, je les observe déjà, bien avant qu'ils soient près de moi. Je tiens compte de la distance dont ils disposent sur la bretelle, de leur vitesse et de celle de ceux qui roulent devant moi.

Mon regard balaye tout l'espace qui m'entoure, je dois réagir très vite et ma décision finale est toujours sujette à être remise en question s'il se passe autre chose. C'est un exercice dans l'espace qui oblige à regarder alternativement dans le rétroviseur, au loin et à côté de mon véhicule.

Guérande

Sur le gros rond-point de Guérande, après m'être bien placée à gauche, je suis un peu gênée pour en sortir. En ne regardant pas assez dans mon rétroviseur le mouvement des véhicules, je me suis laissé surprendre. C'est ce que je comprends en discutant lors de la leçon de conduite qui suit.

Dans ma vie personnelle

En allant dans un nouveau restaurant, je m'oriente avec beaucoup plus de facilité que je ne le fais d'habitude. En ville, avec ma voiture, je me surprends à beaucoup mieux me diriger pour aller d'un point à un autre. J'ai l'occasion chez moi de faire un exercice de mathématiques dans l'espace. Je le fais tranquillement en voyant rapidement la figure dans son ensemble. Je fais le lien avec mon gain d'assurance en orientation.

Mon évolution en conduite seule :
– Une décision basée sur la réflexion au gros rond-point de Nantes remplace une décision basée sur la peur ;
– Un gain au niveau de l'orientation se manifeste pour les promenades pleines d'imprévus ou d'inconnues à Saint-Brevin, à Savenay et à Pornic ;
– Les progrès dans la courbe de Prinquiau se confirment ;
– Le pont de Saint-Nazaire et Pornic demeurent des objectifs agréables ;
– Régulièrement, je gagne en assurance dans les voies d'insertion.

7

L'ŒUF OU LA POULE ?

En auto-école, je m'applique et je progresse dans les virages :
- Je ne suis plus affolée en y croisant un camion ;
- Ma conduite est de plus en plus fluide et l'effet de mur disparaît ;
- De plus en plus souvent, « ça tourne tout seul » et Stéphane me dit que je fais « de beaux virages ».

En conduite seule, en revenant de Corsept par les 9 km de la D5, une avancée importante s'est produite dans quelques virages. L'ensemble reste difficile, mais timidement je ressens du mieux. À petits pas, je suis la progression que je fais en auto-école.

Je pourrais me contenter d'observer les progrès, mais de nature j'aime bien réfléchir et comprendre. Pour décrire une progression en conduite, Stéphane me dit que la technique et le mental gravissent des barreaux les uns après les autres chacun sur leur propre échelle. Il me vient alors la comparaison avec le paradoxe de l'œuf ou la poule.

La poule donne l'œuf et l'œuf donne la poule. Le gain en technique remet en confiance et la confiance permet une meilleure maîtrise de la technique.

Je discute néanmoins avec Stéphane de ma peur persistante de retourner seule sur la D5. Il évoque l'idée d'en faire qu'une petite partie, tout en me laissant évaluer ce qui est possible pour moi.

> *Un voyage de mille lieues commence toujours par un premier pas.*
>
> Lao Tseu

La D5 sur 3 km

Je pars avec l'idée de parcourir « trois petits kilomètres » sur cette route, en partant du rond-point de Saint-Brevin, donc dans le sens que je n'ai pas encore pris seule. C'est une courte distance, mais je suis loin de m'y rendre tranquillement comme je le fais pour prendre le pont par exemple. Le mental s'agite, je lutte contre des pensées qui tournent en boucle. Toutes les difficultés insurmontables que j'anticipe se mettent en scène : les voitures derrière moi, la conviction de gêner, la peur de ressentir le vide dans les virages, le réflexe de trop freiner, et le besoin de quitter la route au plus vite.

Après avoir tourné plusieurs fois sur le rond-point, pour diminuer le risque d'être suivie, je suis sur la D5. Ma vitesse, au-dessous de celle qui est autorisée, est assez régulière. Je passe deux virages serrés à droite, je ne sais pas si j'ai vraiment peur. Mon esprit est peut-être hanté par les fantômes de ces mêmes virages qui tournent à gauche dans le sens du retour et qui m'effrayent davantage.

Comme je ralentis, je finis par voir des véhicules dans mon rétroviseur. Je ne me précipite pas pour quitter la route, à cet endroit, c'est difficilement envisageable. Je les surveille, j'essaye de me rassurer en me disant qu'ils peuvent bien ralentir aussi un peu.

La confiance en moi, en gravissant quelques barreaux de sa propre échelle, permet que je me sente davantage le droit d'exister parmi les autres, sans forcément les gêner. Elle me fait accepter le risque d'être suivie sur 3 kilomètres.

J'arrive à une courbe à droite aussitôt suivie dans une montée par une longue courbe à gauche. Je suis surprise, je me sens bien en tournant, l'appréhension d'avant les courbes disparaît. Je roule à la vitesse autorisée, ma conduite a repris spontanément l'allure de celle que j'ai en cours.

À l'intérieur des virages, la technique mieux maîtrisée a gravi des barreaux de l'échelle, elle l'emporte sur la peur qui s'est manifestée avant.

Après avoir parcouru trois kilomètres, malgré un bon ressenti, je ne tente pas de continuer plus loin. Je tiens à rester sur une bonne impression. Je prends à droite la D96, elle est étroite, elle a ses virages, mais elle est tranquille avec très peu de circulation. Elle me ramène vers le pont de Saint-Nazaire, et après un peu de deux fois deux voies, je suis de retour chez moi.

Je repense à l'angoisse que j'avais avant de partir. Tout ça pour trois pauvres petits kilomètres ? Oui, en effet, mais j'ai fait les premiers pas, et pendant un court instant, j'ai eu le plaisir de ressentir ma conduite comme en auto-école.

La D5 sur 9 km

J'attends quelques jours pour refaire ces 3 kilomètres.

L'appréhension est tout de suite présente, mais je garde une vitesse assez régulière.

Ce sont encore les deux grandes courbes successives en montée qui me rassurent. Stéphane m'a beaucoup guidée à cet endroit en auto-école quand j'en avais très peur. En ce lieu précis, pourtant impressionnant, je suis détendue avec la conviction que je ne suis pas en danger et que je vais réussir. Je me surprends à l'aimer, cette petite portion de route qui tourne en montant. Je l'ai apprivoisée, elle me sécurise et fait disparaître la peur.

La bonne maîtrise de la technique continue à monter les barreaux de l'échelle. Elle vient vraiment au secours de la peur et fait évoluer le mental.

Encouragée par ce vécu et n'étant pas suivie, je poursuis ma route. Je ressens par moments des accélérations cardiaques. J'ai peur des gros virages et la sensation de vide pendant une fraction de seconde me fait ralentir. Cependant, je ne panique pas et l'impression de mur n'est plus là.

Ainsi, j'ai parcouru pour la première fois les 9 kilomètres de l'aller complet du trajet habituel des leçons de conduite sur la D5. Une certaine tension s'est accumulée, je ne souhaite pas prendre le risque de me faire revivre des peurs en faisant le retour par cette route. Je prends la direction de Corsept par la petite route D97. Entre Corsept et Saint-Brevin, tout se passe très bien, et c'est bon signe d'être gênée par une voiture qui ralentit devant moi.

Tout en m'accordant du repos, dans les jours et les semaines qui suivent, je refais ces 9 kilomètres. Avant chaque prise de décision d'y retourner, le mental très affolé se comporte un peu comme un lion en cage.

Après les habituels tours du rond-point de Saint-Brevin, avec une vitesse assez régulière, je prends correctement les tout premiers virages. L'appréhension et les ralentissements pour en prendre certains autres peuvent être encore assez forts. Cependant, je suis beaucoup moins perturbée par la sensation de vide. Le mal-être n'exerce pas sa nuisance au point que je ressente le besoin d'échapper aux 9 kilomètres envisagés.

Suivre une voiture ou une motocyclette réduit la tension intérieure, car je ne suis pas la cause du ralentissement. Un jour, avec satisfaction, je distance un gros camion rouge qui me suit sans me coller. Il ne me fait pas très peur, mais je préfère le savoir moins près.

Je choisis encore de revenir par Corsept. Il m'arrive de penser à tout autre chose, donc de ne plus être continuellement focalisée sur ma conduite. C'est bénéfique.

Je conduis vraiment bien sur cette route. Le mental et la technique se sont succédé chacun sur leur échelle pour que j'en arrive là, sans savoir lequel des deux a commencé.

Le dernier de ces entraînements me laisse un beau souvenir.

Ce matin d'hiver, dès neuf heures, le jour est tout juste levé. Avant le pont de Saint-Nazaire, la circulation est un peu plus dense qu'à mes heures habituelles de sortie de fin de matinée, mais le joli spectacle que je vais voir mérite le déplacement.

Quand je roule sur le pont, le lever du jour est entamé. Dans un mouvement d'étirement, le noir au-dessus de moi laisse progressivement place au bleu encore très chargé de gris et de blanc entremêlés. En face, à l'horizon, une ceinture jaune et orange dissimule le soleil qui semble s'impatienter de paraître. Une barrière flamboyante s'est dessinée entre le pont et la ville de

Saint-Brevin. En ce moment, j'envie l'âme d'un poète qui aurait mieux su faire danser les mots pour mieux donner vie à ce paysage, mais j'autorise l'émotion qui est en moi à utiliser mes plus modestes ressources.

Après le pont, avec moins d'hésitation que souvent, je prends la sortie qui mène à la D5. Dans mon rétroviseur, la lumière produite par le bel horizon doré toujours présent dans mon dos donne l'illusion de phares d'une voiture.

En repartant vers Corsept, la tension qui était présente sur la D5 disparaît complètement et mes pensées papillonnent encore un peu. Je qualifie la route entre Corsept et Saint-Brevin de récompense ou de bon dessert, tout va bien.

Au sommet du pont, au retour, un camion est assez proche derrière moi. Il ne génère ni angoisse ni crise de panique. Je n'ai plus le nez dans le volant, je regarde maintenant tout autour et par beau temps, la vue panoramique sur les chantiers navals me laisse entrevoir les paquebots en construction.

Cran-Neuf

Parfois une appréhension apparaît juste avant d'aborder cette courbe. Je fais alors tout ce que j'ai appris techniquement. En la prenant bien, la peur s'efface. Comme dans les deux courbes de la D5 que j'ai apprivoisées, au lieu d'avoir peur, je suis rassurée.

C'est bon signe quand je la ressens au loin comme celle de la D5 que j'ai bien apprivoisée.

Un jour de grande circulation, sans appréhension en m'approchant, sans aucune manifestation physique, je vois loin et je roule à la vitesse autorisée. Je me sens bien et tout est réussi. J'atteins la perfection.

Est-ce parce que j'étais très au point techniquement que cela m'a donné confiance et a calmé le mental ? Ou est-ce parce que j'avais suffisamment confiance avec un mental tranquille que techniquement j'ai bien assuré ? Je ne sais pas. C'est comme le paradoxe de l'œuf ou la poule. Qui était là avant l'autre ? Stéphane me dit que ce qui est sûr, c'est que l'un n'existe pas sans l'autre, les deux fonctionnent ensemble.

Montoir

Je me rends de nouveau au théâtre. Tout se passe très bien.
Grâce à la confiance qui a gravi les barreaux de sa propre échelle, je ne m'inquiète pas, comme à l'automne dernier en fin de séance, de la nuit qui commence à tomber.

Savenay

Je suis sensible aux petites satisfactions que me procurent ma conduite et mon mental : le dépassement d'un camion, l'impression de « déjà ! » quand j'arrive à Savenay et les pensées autres que celle de la conduite. C'est une prise de distance par rapport à ma peur.

Au retour, en m'accrochant à la beauté du paysage lunaire créé par le contraste des couleurs du ciel, j'éloigne la peur due à la nuit tombante.

Arrivée chez moi, je suis un peu tendue. Cependant, je suis bien restée dans ma voie et sans arrêt d'urgence. J'étais loin d'une crise de panique !

L'œuf ou la poule ? La technique ou le mental ?

Le maître d'œuvre, à l'origine de l'évolution de l'un ou de l'autre ou des deux à la fois, travaille comme un artiste.

L'artiste, en plus d'avoir appris la technique pour exprimer son art, puise en lui pour donner un sens très personnel à ce qu'il va créer.

Quand elle est suscitée par une vocation ou une passion, la pédagogie ne se contente pas de transmettre une méthode d'apprentissage et du savoir-faire. Le pédagogue qui la pratique puise au fond de lui et personnalise son enseignement par créativité.

Par vocation, je pense avoir pratiqué cette pédagogie, et aujourd'hui je profite de celle qui m'est proposée par un pédagogue passionné.

La pédagogie, vue sous cet angle, est un art.

Mon évolution en auto-école :
– Bonne progression dans les virages, ils sont pris avec plus de fluidité ;
– Meilleure acceptation des autres véhicules ;
– Globalement, un gain d'assurance.
Mon évolution en conduite seule :
– Début d'une prise de distance par rapport à ma conduite sur la route de Corsept et sur celle de Savenay ;
– Une étape est atteinte : l'aller complet sur 9 km sur la D5 ;
– Les progrès faits en auto-école dans les virages font de plus en plus d'apparitions en conduite seule.

8

MALGRÉ LES INTEMPÉRIES

Les perturbations atmosphériques ont souvent été la cause, ou le prétexte simplement, pour ne pas prendre le volant. Quand le froid s'installe, que les gelées blanches recouvrent le sol, ou que le brouillard ferme brutalement l'horizon, comment ne pas laisser l'imaginaire envisager le pire ? Il pourrait tomber de la neige ou de la pluie verglaçante, et ma voiture serait entraînée dans une glissade incontrôlable, le brouillard pourrait m'ensevelir dans un carambolage. Il est parfois difficile d'éloigner ces idées obsessionnelles.

Pornic

C'est un soir d'automne, je pars pour dîner avec de la famille. La nuit tombe vite et il pleut. Je m'adapte avec une légère appréhension, mais sans panique. Au retour, il fait vraiment noir et la pluie ne s'arrête pas ; pour être plus à l'aise, je ralentis un peu.

Nantes

En cette fin d'année, pour des obligations familiales ou médicales, je commence une série de trajets vers Nantes qui va durer quelques mois.

Ce matin, dès huit heures, après avoir dégivré mon pare-brise, je pars à Nantes pour un rendez-vous médical. Le froid ne m'arrête pas, il s'est contenté d'apporter une gelée matinale en m'épargnant le tapis de neige. Cette dernière fait rarement son apparition, mais elle peut parfois nous surprendre.

Je suis suffisamment en confiance sur la route pour laisser mon esprit baigner dans un lointain souvenir que la fraîcheur du temps réveille en moi. C'était il y a une quarantaine d'années, à l'occasion de la naissance d'un neveu, sans hésiter, j'avais fait la route vers Nantes sur une bonne épaisseur de neige qui rendait le paysage méconnaissable. À cette époque, cela ne m'arrêtait pas. Ma conduite était plus naturelle.

Aujourd'hui, j'apprécie l'évolution du mental, il est resté calme dans la perspective d'aller à Nantes.

Le 25 décembre, je repars à Nantes pour fêter Noël en famille. Ce jour férié m'offre une route sans camions et avec peu de voitures dès le matin. Je suis assez tranquille et me surprends à penser aux cadeaux que je vais déposer au pied du sapin. J'espère ne rien avoir oublié. Je ne peux pas envisager, comme je l'avais fait une année, de repartir vers Saint-Nazaire et revenir aussitôt à Nantes avec le paquet oublié. À cette époque, je n'étais pas à 130 km près, je conduisais bien.

Quand je prends la sortie Nantes-Ouest qui m'effraye un peu, l'idée et l'image d'un accident potentiel me traversent l'esprit. Cela n'est pas agréable, mais je réalise que depuis mon départ de Saint-Nazaire, c'est la première pensée parasite nocive qui s'impose à moi. Il fut un temps où cela occupait mon esprit pendant presque tout le trajet. C'est un progrès pour le mental.

Mes leçons de conduite, petit à petit, ont transformé les flots d'images négatives en des pensées plus sereines. Je profite de ce bénéfice avant et pendant mes déplacements. Comment s'est produite cette évolution ? Quand je conduis en toute sécurité et que je progresse en auto-école, de plus en plus je retrouve des moments de plaisir de conduire, cela modifie le mental qui n'associe plus continuellement la conduite à un danger immédiat.

Le repas de Noël se déroule dans la famille de ma sœur, chez l'une de ses nièces que je connais depuis son enfance, je suis très bien accueillie. Je retrouve avec plaisir mes neveux et leurs deux jeunes enfants que je suis allée voir à Boston en avril. La journée se passe agréablement, c'est simple et chaleureux.

C'est une difficulté supplémentaire de repartir à la nuit tombante, le noir m'empêche davantage de voir loin. Je fais le retour avec prudence, sans affolement du mental et sans panique.

Fin janvier, un nouveau rendez-vous sur Nantes m'oblige à partir à une heure de pointe, et cela ne me perturbe pas vraiment. La difficulté à laquelle je dois faire face est la tombée d'un brouillard à Savenay, donc à mi-chemin. Je m'adapte bien même si parfois la visibilité est très réduite. Je garde mes distances et redouble de vigilance par rapport aux autres véhicules. À l'aller les conditions extérieures sont plus difficiles qu'au retour, mais je conduis avec plus d'assurance, il en est souvent ainsi.

De retour à la maison, c'est le moment de profiter de mes petits protégés pour me détendre. Mon chat Caramel est malade et un peu âgé, il dort dans son univers habituel, entouré par les autres chats qui semblent l'apaiser. Caramel est le protecteur de Pépino, il avait semblé voir que ce petit chaton blanc et sourd avait besoin d'une attention particulière et il la lui a donnée.

L'hiver encore présent me ramène de nouveau à Nantes tôt le matin. Le temps est agréable, j'apprécie surtout l'absence de brouillard qui rend la conduite plus souple. Malgré quelques appréhensions habituelles, je réalise un trajet correct.

Avant le trajet suivant, je visualise sur Google Earth la courbe de Sautron dans le sens Nantes–Saint-Nazaire. En 3D j'ai sous les yeux les contours de la courbe et les véhicules qui circulent. Je m'identifie aux conducteurs et je fais varier leur vitesse.

J'ai des picotements dans la nuque quand virtuellement je traverse cette zone anxiogène. Je ne sais pas si cela m'aide ou si au contraire cela augmente l'angoisse, mais j'ai besoin de le faire.

Ce nouveau jour de départ, fin février, est encore au cœur de l'hiver. Je conduis assez bien et sans forcer. Je m'applique vraiment en faisant appel à la technique que j'ai apprise. Parfois, je cherche à ressentir au mieux ce que cela me fait de tourner.

Au gros rond-point de la porte d'Armor, en arrivant à Nantes, je m'adapte bien à la présence des véhicules déjà engagés, et sans difficulté je prends la sortie d'en face.

Au retour, je prends un peu sur moi pour doubler un premier camion rempli de bouteilles de gaz puis un second. Plus loin, je me mets à gauche pour laisser un poids lourd entrer et je le double. C'est un peu stressant, je suis entourée de camions ! Je ralentis un peu après, ce n'est pas par peur de ne pas maîtriser ma voiture, mais dans le but d'éviter de me mettre la pression.

Je repense à l'époque où l'intensité de la peur, même en ligne droite, m'obligeait à m'arrêter pour ensuite repartir et m'arrêter encore… Ce n'est qu'une courte pensée qui passe et qui ne recrée pas d'état semblable de panique. J'apprécie de pouvoir ainsi conduire avec plus de tranquillité jusqu'à Saint-Nazaire malgré des peurs ponctuelles.

Au printemps, le soleil d'avril et de début mai est plus haut et les journées sont plus longues. Même si je me suis bien adaptée aux intempéries, j'apprécie de prendre le volant avec davantage de visibilité. C'est avec beaucoup plus de sérénité que je franchis la zone de travaux avec tous ses marquages au niveau de Malville. Il me revient le souvenir de ce jour où des lampes clignotantes avaient été rajoutées pour bien marquer le danger et augmenter le niveau de vigilance des conducteurs. Mon regard était resté accroché à cette signalisation supplémentaire ; ne regardant plus assez loin, j'avais recréé la peur.

Je fais l'expérience en sortant des ronds-points de laisser davantage le volant revenir seul avant de tirer dessus vers la droite. Cela atténue et fait parfois disparaître le malaise que je peux ressentir.

J'aborde la courbe de Sautron avec moins de crainte. Je ne la vois plus comme un mur et je ne freine plus brutalement. Mais à l'intérieur, je ne me sens pas bien et mon cœur s'emballe. Quand j'arrête d'accélérer, la technique se laisse dépasser par la peur. J'ai hâte de sortir de cette très longue courbe qui n'en finit pas de tourner encore et encore.

Cependant, je commence à mieux la voir dans son ensemble. Je ressens moins l'effet de vide, je maintiens mieux ma trajectoire, et je regarde davantage loin. Je concrétise le bénéfice des progrès faits en cours de conduite. Il y a cependant encore beaucoup à gagner en confiance.

Je suis attentive à ma vitesse, je ralentis parfois par crainte de recréer de la panique. Je suis ravie lorsque je roule naturellement et que j'approche ou que j'atteins la vitesse maximale autorisée.

Doubler plusieurs camions sans me forcer et en me sentant bien me conforte dans l'idée que je progresse. Cela s'accentue quand je réalise cette manœuvre alors que la deux fois deux voies tourne. Me rabattre à droite maintenant se fait tout seul sans réfléchir à comment rouler dans une courbe qui tourne à gauche et en même temps se remettre à droite.

Arrivée à la maison, qu'il est bon de se remettre de tout cela ! J'observe la petite chatte Fripoune. Elle se dirige vers Pépino qui, dans sa bulle, reste imperturbable et la laisse se coller à lui.

Mon évolution :
– Tous ces trajets sont une opportunité de m'améliorer ;
– Le mental est calme avant ces nombreux départs ;
– Les peurs deviennent très ponctuelles sur la route ;
– Malgré l'inquiétude, les trois grandes courbes du retour se font avec une amélioration du regard, du freinage et du ressenti ;
– L'effet de mur disparaît, c'est une confirmation des progrès faits en auto-école dans les virages ;
– De bonnes adaptations et de bonnes décisions sont prises.

9

TRÈS BONNE PROGRESSION SUR LE TERRAIN DE JEU

Au début d'une leçon, Stéphane me dit que l'on va retourner sur notre terrain de jeu. Cela me fait sourire, j'imagine qu'il aimerait que je perçoive la D5 sous cet angle. Cela viendra peut-être.

Le même hiver où je multiplie seule les trajets vers Nantes, j'alterne avec des tentatives sur ce terrain jonché d'embûches. Le but du jeu serait de réussir un aller-retour complet entre les deux ronds-points distants de 9 km. Je le fais en auto-école, mais en entraînement seule, je ne fais que l'aller ; pour le retour, je privilégie un itinéraire d'évitement en passant par Corsept.

Il ne faut pas penser à l'objectif à atteindre,
il faut seulement penser à avancer.
C'est ainsi, à force d'avancer, qu'on atteint
ou qu'on double ses objectifs sans même s'en apercevoir.

Bernard Werber

6 km dans le sens du retour

Par une belle journée de janvier, sans planification, je me lance. Dans le sens de l'aller, en parcourant les 9 km entre les deux ronds-points, je profite bien des acquis des leçons de conduite, en particulier dans certains virages. Je me sens suffisamment en confiance pour tenter le sens du retour.

Malgré une certaine tension, je commence correctement la route assez droite, ainsi que les premiers virages. Puis, je ne me sens pas très à l'aise, comme si j'abordais les petites montagnes russes de terrain de jeu. Le mental commence à surenchérir : « Si je panique, je vais trop freiner ! Ma voiture risque de glisser, elle va peut-être aller tout droit ou faire des tonneaux ! » Il me prépare à un énorme danger. Rien de tout cela ne se produit, mais la peur est présente. Elle augmente lorsque le corps, implicitement, de connivence avec le mental, aggrave la situation en laissant s'échapper des picotements et des palpitations. La tension s'intensifie jusqu'au moment où j'atteins mon issue de secours, c'est-à-dire la sortie par la petite route D96. Il ne reste que 3 km à faire pour finir le retour, mais il est hors de question d'y songer…

J'arrive tout en haut du pont de Saint-Nazaire, à 61 mètres au-dessus de la Loire. Le vent souffle par rafales, et avec vigilance je veille à bien maintenir ma voiture. Je gère cette situation plutôt sereinement. C'est en décalage avec la difficulté interne que je viens de vivre sur la route.

Stéphane me dit toujours que la conduite doit rester un plaisir, en me laissant toute liberté de choisir la fréquence et le lieu de mes entraînements. L'évitement est parfois un poids très lourd. Il paralyse, il maintient à l'écart, et rien ne semble pouvoir l'éliminer. Puis, un jour, inopinément, les chaînes se brisent, une ouverture se fait, et cela paraît possible. L'inconscient a sans doute fait du travail. C'est ainsi que deux mois après mon exploit des 6 km, je me décide à retenter ce fameux retour entre les deux ronds-points. Je suis motivée et entraînée par le printemps qui s'amuse à surprendre en libérant ses premières giboulées.

Par souci de diversifier mes parcours, je décide de changer les règles du jeu pour approcher la D5.

Je prends le pont, je passe par Corsept, je pars à la découverte de la petite commune de Saint-Viaud et je longe la laiterie de Saint-Père-en-Retz. Je suis un peu tendue et cela me déçoit. Une légère fatigue s'installe et m'oblige à m'arrêter quand un véhicule est derrière moi. J'ai peur que sa présence me perturbe davantage. Je soupçonne l'activité de mon inconscient, je veux faire diversion en changeant d'itinéraire, mais il connaît mon objectif !

J'arrive sur la D5 qui a une configuration bien adaptée à mon réapprentissage. Quand je suis en auto-école, je m'habitue à me frayer un chemin parmi les engins agricoles, les deux roues, les voitures, les cars et les camions qui, de virage en virage, s'adonnent à un ballet continuel en s'appropriant ce terrain de jeu. Je progresse beaucoup, c'est ce qui m'encourage à revenir essayer même si c'est dur.

Mais, ce jour, en entraînement seule, pour la deuxième fois après mes 6 km de retour, mon état de tension m'oblige à couper par mon issue de secours la D96. Je régresse ?

Je relativise et me rassure en me rappelant que Stéphane ne parlerait pas de régression, mais de phase de l'apprentissage. De plus, le parcours de ces 6 km, ce n'est pas rien !

Puis, sur la deux fois deux voies et tout en haut du pont, malgré les averses et le vent qui siffle, je tiens bien le volant, je garde la maîtrise de ma voiture, et je suis assez sereine ; la perte de confiance en moi n'a été que passagère et locale.

Pornic

Le temps se prête à quelques heures de créativité dans le jardin. C'est l'occasion d'aller à Pornic acheter des petits cailloux blancs pour rénover mes allées de jardin.

En partant, les quelques pensées concernant les moments d'appréhension que je risque de rencontrer ne font que passer. Elles n'entachent pas le plaisir que je me fais de cette sortie. Je vais passer un moment agréable sur la route. Le mental gagne en souplesse et interprète positivement les situations. Ainsi, les véhicules qui restent derrière moi induisent l'idée que je conduis bien, sinon elles me doubleraient. Un petit sourire intérieur survient quand j'arrive « déjà », au lieu de « enfin ». La peur n'étant plus là à chaque instant, l'impatience d'arriver disparaît. Dans la jardinerie, je prends le temps de me ressourcer.

Au retour, je mesure la satisfaction d'assez bien gérer l'entrée de véhicules par une bretelle, et d'effectuer un dépassement dans une descente qui tourne.

Après une appréhension, je récupère vite. En prenant très bien une grande courbe, cela me fait espérer d'arriver un jour à toutes les prendre ainsi.

Les journées sont encore courtes, la nuit tombe vite. Sur le pont que j'aborde maintenant avec confiance, j'assiste à un superbe coucher de soleil aux flamboyants tons orangés. Il s'impose d'abord en m'envoyant la lumière dans les rétroviseurs, puis après le pont je contemple le très joli spectacle devant moi. En regardant le coucher de soleil, je laisse l'ombre derrière moi…

Je reviens satisfaite de cette sortie. Je redécouvre, souvent de façon inattendue, le plaisir de conduire dont me parle Stéphane.

Guérande

Fin mars, c'est le moment de me faire plaisir dans le Jardiland de Guérande. Un peu plus tard, c'est un dîner qui me ramène dans cette ville médiévale.

Je m'adapte très bien en abordant la deux fois deux voies particulièrement chargée, alors qu'avant le départ mon esprit s'était furtivement laissé assombrir par un léger doute. Avec satisfaction, j'approche la vitesse de 110 km/h plus naturellement et j'effectue quelques dépassements. Des pensées non liées à la route et mon attention à ne pas être en excès de vitesse remplacent la peur d'avoir peur. J'essaye de ne pas me laisser perturber quand dans Guérande un coup de Klaxon retentit à un moment où je ne suis pas très réactive pour me garer.

Je garde en mémoire une scène stressante. Un conducteur se croit sur un circuit automobile. Il fait ronfler le moteur pour intimider et forcer la voiture qui le précède à se rabattre alors qu'elle roule à la vitesse maximale autorisée. J'ai peur pour le conducteur qui voit ce bolide dans son rétroviseur. Quelques picotements apparaissent en conduisant.

Chez moi, devant l'ordinateur, en visionnant des itinéraires, je peux aussi les ressentir. J'essaye de ne pas surenchérir mentalement en ne leur prêtant pas trop d'importance.

Retour sur le terrain de jeu

De claires journées d'avril m'encouragent à approcher mon objectif. Je privilégie le dimanche, car c'est plus calme sans les camions, et j'évite les heures de circulation dense. C'est éprouvant, tous ces calculs.

Dans le but de bien aborder les virages lors de l'un de mes parcours, je réfléchis trop. Je fais une fixation sur le fait de ne pas systématiquement mettre le pied sur la pédale de frein. Je perds une part de naturel que j'avais acquis, et la technique devient moins réussie. Après une mise au point en auto-école, tout revient dans l'ordre, je reprends confiance.

Le ciel semble parfois se donner beaucoup de peine pour m'accompagner et me distraire en me présentant toute une palette de couleurs en quelques minutes. Je garde le souvenir de ce jour où le ciel très noir en direction de La Baule est très bleu en direction opposée de Saint-Brevin vers laquelle je me dirige. Tout en haut du pont, je suis dans une clarté presque éblouissante, quand brutalement dans la descente je m'enfonce dans un nuage blanc opaque qui m'oblige à mettre les feux et à ralentir. C'est ensuite un ciel très bas et gris qui m'accueille à Saint-Brevin. C'est un cadeau du ciel qui m'est offert ! Mon nouveau regard au volant élargit la conscience de l'univers qui m'entoure.

Arrivée sur le terrain de jeu, si la perspective du retour me semble trop difficile, je m'autorise à revenir par Corsept. Quand je deviens trop sensible à la présence des véhicules qui me suivent, le stress, les picotements dans la nuque et les tremblements dans les mains ressurgissent. Je ne force pas, j'attends une des rares aires de stationnement pour faire une petite pause. Avant les leçons de conduite, c'était par nécessité absolue que je m'arrêtais. Maintenant c'est plutôt préventif.

Si l'appréhension s'affaiblit et que je n'éprouve pas le besoin de m'arrêter, je sens que j'approche ma conduite en auto-école.

C'est alors que je risque le retour par la D5. Au moment du demi-tour, plusieurs tours du rond-point s'imposent parfois pour éviter d'être suivie. La sensation de vide en tournant ainsi a maintenant complètement disparu.

Dans tous ces entraînements, spontanément, j'évalue les fluctuations de ma vitesse moyenne, l'intensité des picotements et des palpitations qui se manifestent lors des retours. Je suis attentive à la nécessité ou non de m'arrêter.
De légères peurs s'effacent très vite quand je prends une suite de courbes. Je me surprends à plutôt bien prendre certains grands virages à gauche tout en étant suivie. Pour l'ensemble, j'évolue avec une impression d'amélioration. J'apprivoise doucement ma peur, je gagne en confiance en moi et en technicité, je me sens en bonne voie.
Mais après 6 km de retour, cela reste un soulagement de prendre la sortie de secours. Je profite ensuite de la reprise de confiance sur la deux fois deux voies et sur le pont. Je garde l'espoir de réussir un aller-retour complet. Il suffirait de continuer sur les « trois petits kilomètres » restants pour lesquels je ne me sens pas encore prête. J'essaye de ne pas me focaliser sur mon objectif et j'avance.

Route de Saint-André-des-Eaux

Le moment idéal pour les plantations étant arrivé, je prends la route de Saint-André des Eaux pour me rendre dans une pépinière et dans une jardinerie. Je n'ai que quelques kilomètres à parcourir sur une petite route, j'y vais pour la première fois sans aucune inquiétude, et je ne suis pas gênée par la voiture qui me suit. Une courbe est signalée par un panneau, le travail que je fais sur la D5 me permet de bien la prendre, et le plaisir de rouler diminue les distances !

Je profite d'un bon moment d'immersion dans les rayons de fleurs multicolores et le retour se passe sereinement avec la perspective de nombreuses plantations de printemps.

Mon évolution en conduite seule sur le terrain de jeu :
– J'avance doucement, mais sûrement ;
– Le nombre de virages bien ressentis augmente ;
– Une assez forte tension perdure malgré les progrès ;
– 3 km me séparent encore de mon objectif final ;
– Le plaisir de conduire est présent sur les autres routes.

10

LA COUR DES GRANDS

Un jour sur une deux fois deux voies, je prends conscience de sentiments d'infériorité en suivant une camionnette. En imaginant le conducteur plus habitué et plus compétent que moi sur la route, j'estime que ma place est de rester derrière, alors que je roulais plus vite que lui. Il m'est venu à l'esprit que je ne m'autorise pas à aller dans la cour des grands.

À la Toussaint, je prends la décision de retourner à Nantes pour déjeuner chez ma sœur et profiter de ses petits-enfants venus en vacances. Peu de temps après, en auto-école, je fais un aller-retour Saint-Nazaire–Nantes. Je peux alors comparer facilement ma conduite sur ces deux trajets.

En auto-école

Quand Stéphane me propose d'aller à Nantes, je n'ai aucune crainte, je sais que je vais progresser en toute sécurité dans la cour des grands. C'était avec un état d'esprit calme et confiant que je m'étais rendue seule dans la famille à la Toussaint, tout en sachant que j'allais rencontrer quelques faiblesses.

À l'aller, je double beaucoup de camions, je suis donc souvent à gauche. Je ne le fais pas en me forçant ni en prenant beaucoup sur moi, je sens que l'assurance nécessaire pour le faire existe en moi. Avec mon véhicule, je suis plus rassurée en restant à droite.

Je prends les courbes au niveau des travaux de Malville sans sentir de peur. Je partage avec mon moniteur la satisfaction que j'ai eue la dernière fois seule. Je m'étais convaincue qu'il n'y avait pas de quoi s'inquiéter et j'avais réussi à aborder avec assez d'assurance cette zone sans palpitations. En auto-école je n'ai pas à me convaincre, entendre qu'il faut regarder loin suffit.

Après ce passage, je remonte ma vitesse à 110 km/h. Ce n'est pas mon moniteur qui accélère, je le fais moi-même, assez naturellement, sans forcer et en me sentant bien. Quand j'étais seule, après ce passage, suite à la tension accumulée, j'avais du mal à accélérer. En auto-école je ne ressens pas cette fatigue qui, je crois, provient surtout d'une lutte intérieure.

C'est agréable de prendre la sortie de Nantes-Ouest en perdant très peu de vitesse et en ne ressentant pas vraiment la peur. Cette sortie tourne beaucoup à droite avec un rétrécissement au début. Je sentais du mieux déjà lors de mon dernier passage en ayant en tête les conseils de mon moniteur concernant le regard et la position des mains sur le volant.

Pour le retour, l'idée d'un demi-tour au niveau du gros rond-point de la porte d'Armor est impressionnante. Cela se passe bien lorsque je rentre et que je me place sur la troisième voie au centre. Après, c'est beaucoup plus délicat, Stéphane prend les commandes dans le rond-point pour descendre sur la deuxième voie. Il le fait avec beaucoup de calme et de précision, cela peut donner l'impression que c'est facile à faire. Si j'avais été seule, j'aurais eu bien peur que le camion ne me laisse pas changer de voie. Je reprends les commandes pour sortir du rond-point un peu chargé à droite. Je n'ai jamais fait ce tour de rond-point seule. C'est impressionnant, comme dans une cour de très grands !

En approchant la grande courbe de Sautron, je suis à gauche pour doubler et je roule à 110 km/h. Juste avant je reviens à droite et je réduis ma vitesse à 90 km/h comme la signalisation l'impose. Je suis accompagnée, aidée par quelques rappels essentiels, et je roule très bien en regardant loin. Je ne lutte pas contre une peur. La dernière fois, seule, je me persuadais que cette courbe n'était pas aussi terrible que dans mes pensées, mais je m'y sentais très mal à l'aise. J'étais perturbée et le temps nécessaire pour tourner m'avait semblé une éternité. J'avais cependant remarqué agréablement que les troubles physiques habituels ne s'étaient pas manifestés.

Je dis à Stéphane que la prochaine fois, avec ma voiture, j'essaierai de privilégier le regard au loin. Je ne regarderai pas le compteur pour voir jusqu'à combien je descends.

Le fait de regarder ma vitesse après cette courbe me fait ralentir, comme quand je suis seule. Stéphane me le signale, je me motive et me ressaisis facilement, tout en me sentant bien.

Je n'ai pas l'impression de forcer et je ne reste pas bloquée derrière un camion, je double. C'est mieux qu'à la Toussaint où j'ai mis du temps à me décider derrière une voiture lente.

Un convoi exceptionnel sur la route demande beaucoup de vigilance, je ne sais pas trop s'il a l'intention de changer de voie, mais je ne panique pas. Je suis consciente de la grande attention de Stéphane. Il me laisse prendre les initiatives sans me dicter ce qu'il faut faire, tout en étant prêt à intervenir en cas de besoin.

Je prends bien la courbe de Savenay tout en doublant et en maintenant ma vitesse. Je reste à gauche ensuite pour laisser des camions rentrer par la bretelle. Je le fais assez naturellement, je ne sens pas que je surmonte de la peur. Je suis assez loin de cela quand je suis seule. Je prends très bien la courbe de Prinquiau, et j'ai le plaisir à dire qu'il en était de même, seule, à la Toussaint.

Je viens de faire un aller et retour dense, avec beaucoup de camions et un convoi. J'ai bien roulé dans la cour des grands ! En rentrant chez moi, je n'ai ni stress, ni angoisse, ni soulagement. Je ressens un gain de grande liberté intérieure avec l'espoir de m'approcher encore de cette conduite avec ma voiture.

Nantes

Pour Noël je retourne à Nantes, je mets 50 minutes, c'est un temps tout à fait raisonnable et tout se passe bien. Je suis assez longuement suivie par une voiture un peu basse, j'imagine que le conducteur aime bien conduire. J'en déduis que je roule correctement, sinon il m'aurait rapidement doublée. Je profite de cet instant où je me sens bien dans la cour des grands.

Cela m'arrange de prendre la sortie Nantes-Ouest derrière un camion, je m'adapte à sa vitesse. Pendant ce trajet, je surveille le compteur de dépense d'essence, dans le but de mettre à profit ce que Stéphane m'a enseigné sur la conduite écologique. J'anticipe donc beaucoup en évitant de freiner inutilement et je suis assez contente de ce que je réussis à faire. Cela aide aussi mon cerveau à abandonner les pensées parasites de danger immédiat.

Je fais le retour le lendemain après-midi. Je commence à m'angoisser en pensant aux courbes à la fin du repas.

Dans la première, les palpitations sont assez fortes et j'ai l'impression de tourner par petits segments consécutifs même si ma voiture reste bien dans sa voie. Je perds la fluidité que je ressentais en auto-école. J'ai peur aussi dans la courbe de Savenay, je ralentis beaucoup. Pourtant, en auto-école, je faisais tout dans les courbes et c'était bien, Stéphane n'intervenait pas sur les commandes. Je sais faire, mais je n'ai pas assez confiance en moi. Le reste du parcours se passe bien.

Je refais cette route la semaine suivante. Avant le retour, je me prends moins la tête au sujet des courbes.

Dans la première, en tirant doucement sur le volant, je dirige bien la voiture. Je suis bien la trajectoire, sans impression de segments de droites. La peur est moins forte, c'est beaucoup mieux dans le ressenti. Je double ensuite deux camions, deux voitures et un autre camion. Cela se fait très bien et sans forcer, je ne reste pas bloquée derrière. Pour la courbe de Savenay, je suis un peu ralentie par un véhicule qui me précède, j'en profite pour bien ressentir ma voiture dans la courbe. Quand j'aborde la courbe de Prinquiau, c'est parfait !

Ce trajet est mieux que le précédent, donc cela doit être possible de progresser encore en atténuant les peurs qui persistent.

Quand Stéphane m'emmène dans la cour des grands, je constate que je suis à la hauteur, il manque un petit déclic pour que ce sentiment perdure quand je suis dans mon propre véhicule.

Mon évolution en auto-école dans la cour des grands :
– Je fais l'entrée et la sortie du demi-tour au gros rond-point de la porte d'Armor ;
– Très bonne conduite dans les courbes ;
– De bons dépassements et de bonnes initiatives ;
– Impression de liberté retrouvée suite à la bonne conduite.
Mon évolution en conduite seule dans la cour des grands :
– Amélioration du ressenti dans les points sensibles à l'aller ;
– Avant le retour, le mental se calme de plus en plus ;
– Les palpitations et les picotements s'atténuent ;
– La courbe de Prinquiau du retour est bien prise ;
– La peur demeure, mais s'atténue dans la courbe de Sautron.

IV

Une vraie thérapie

1

OBJECTIF ATTEINT SUR LA D5

Progressivement en entraînement sur la D5, j'ai réussi l'aller entre les deux ronds-points distants de 9 km suivi d'un retour partiel sur 6 km. Mon objectif final est de réussir un aller-retour complet. Pour bien m'y préparer, j'envisage d'abord des allers-retours seulement sur les trois derniers petits kilomètres délaissés.

*Pour atteindre l'objectif final,
je me concentre d'abord sur la préparation.*

David Douillet

Cela peut paraître négligeable par rapport à ce qui est fait, mais les deux derniers virages à gauche, très serrés, sont terribles. Ils se ressemblent beaucoup, et souvent je les confonds, mais le dernier est le plus dur. Les imaginer suffit à amorcer le processus de l'angoisse avec des palpitations et des picotements dans la nuque. Ces troubles physiques m'inquiètent et renforcent la peur…

S'ajoute à ce cercle vicieux la tension qui s'accumule pendant la route qui précède ces virages, d'où la difficulté de finir le retour complet, et mon choix jusqu'à présent de couper par la D96, mon issue de secours.

En auto-école, je fais régulièrement ces allers-retours complets. Je progresse bien, tout n'est pas encore acquis, mais chaque leçon efface un peu les peurs et les mauvais réflexes profondément ancrés en moi. Mon mental évolue bien.

Allers-retours sur 3 km sur la D5

Ce dimanche matin de mai, le temps se prête à une promenade agréable. Je décide d'y aller.

Je roule assez bien en prenant les premiers virages que je suis assez habituée à prendre. C'est dans le sens du retour que je les redoute. Avant de reprendre la route dans l'autre sens, je fais en sorte de ne pas être suivie. Je veux voir comment je réagis en ayant comme seule difficulté les virages. Je les prends plutôt bien, je freine un peu trop juste avant, mais ce n'est pas brutal et sans effet de panique ou de vide, de plus je garde bien ma trajectoire.

J'hésite un peu, mais je me décide à refaire une seconde fois ce même petit trajet aller-retour sur 3 km. Je ne suis pas déçue, c'est bien et je freine juste ce qu'il faut. Je ne veux pas faire davantage, je souhaite rester sur du positif.

J'attends le jeudi suivant pour refaire ce même tout petit trajet en craignant que ce soit moins tranquille qu'un dimanche.

Cette fois-ci, quand je reprends les 3 km dans le sens du retour, des véhicules me suivent, mais j'accepte la situation comme une difficulté surmontable. Je ressens juste un peu de gêne et je n'ai pas de sensations physiques désagréables. Je me ressaisis vite après quelques freinages un peu forts.

Puis, la descente du pont est l'occasion de mettre en pratique la conduite écologique que Stéphane m'a apprise, j'essaye de m'en approcher. Cela demande une bonne anticipation au sommet du pont, au niveau de la vitesse et de l'accélération. Je descends sans freiner et sans accélérer en maintenant le plus longtemps possible la vitesse de 70 km/h. Si devant moi une voiture freine et accélère alternativement, c'est raté, je suis obligée de freiner un peu. Quand je réussis bien, c'est une satisfaction de rouler en conduite parfaitement écologique sur quelques kilomètres.

> *Le peu que l'on peut faire, le très peu*
> *que l'on peut faire, il faut le faire.*
>
> Théodore Monod

J'ai aussi l'occasion ce jour de m'exercer au niveau des bretelles sur la deux fois deux voies. Je dois jongler en passant rapidement d'une voie à l'autre. L'entrée d'un camion m'oblige à me mettre à gauche, mais sa vitesse ne me permet pas de le doubler, je me rabats à droite. Je retourne à gauche à l'arrivée de plusieurs voitures sur une bretelle puis je reviens à droite pour un temps très bref, car un camion arrive sur une voie d'insertion qui est très courte. Ce n'est pas parfait, mais étant donné le nombre de véhicules, je m'en sors bien en me faisant assez confiance.

La D5 sur 18 km

Le dimanche suivant, je retourne vers la D5 pour réaliser l'objectif que je prépare depuis un moment par petites étapes.

Dans le sens de l'aller, je passe les courbes plutôt bien. Parfois j'ai le même ressenti que la semaine précédente en auto-école quand je disais de plus en plus souvent « ça tourne tout seul » et que Stéphane disait : « il est beau, celui-là ».

Je ne force pas, mon objectif n'est pas d'atteindre les vitesses autorisées. Je suis légèrement au-dessous, et c'est avec un peu d'hésitation que je double des cyclistes. Quelques images parasites et négatives surgissent, mais très vite elles disparaissent sans prendre le dessus. Le mental évolue bien. J'apprécie de faire l'aller complet jusqu'au rond-point sans personne derrière moi.

Quand j'arrive au rond-point, j'essaye de ne pas me mettre la pression. Je fais deux fois le tour, je cherche les meilleures conditions pour un retour qui devrait être une grande première.

Mon ressenti est semblable à celui de l'aller. À l'arrivée, la présence d'un véhicule derrière moi me fait freiner davantage devant les deux derniers virages, mais leur passage me laisse une impression de mieux que la semaine précédente lors des préparatifs. J'ai réussi pour la première fois l'aller-retour complet entre les deux ronds-points sur la D5. J'ai réalisé mon objectif !

J'efface vite l'idée de refaire dans la foulée un deuxième aller-retour entre les deux ronds-points. Malgré de légers picotements et une certaine tension intérieure, il émane de cette réussite une impression de réels progrès et de meilleur ressenti. Je ne suis pas épuisée quand je reviens vers Saint-Nazaire, j'ai vraiment un sourire de grande satisfaction intérieure. J'ai de la gratitude, j'ai envie de dire un grand merci à Stéphane. Depuis le temps que je m'y prépare, j'ai enfin réussi à faire ces terribles 18 kilomètres !

Qu'est-ce qui conditionne la réussite ?
La capacité à soutenir un effort continu.

Henry Ford

Maintenant, je sais qu'il faudrait le refaire. Je suis partante pour de nouveau 18 km sur la D5.

Dès le lendemain, j'y retourne. Arrivée au rond-point, je ne change pas d'avis, je fais demi-tour. Je réussis assez bien les virages, mais l'ensemble est moins bien que la veille avec des picotements et des palpitations un peu plus nombreuses. Le trafic est beaucoup plus dense avec de nombreux camions et voitures de chaque côté de la route.
Je suis satisfaite d'avoir réussi une deuxième fois un aller-retour complet entre les deux ronds-points. L'idée de le refaire remplace le refus d'affronter.

Le dimanche suivant, j'y retourne pour une troisième fois. Quelques petits coups de frein par peur me rappellent qu'en auto-école ils deviennent rares avec une conduite plus fluide. Dans une ligne droite, c'est avec satisfaction que j'accélère naturellement. Parfois le sourire aux lèvres, je me dis intérieurement, à propos de virages, « ils sont bien pris, ceux-là ». Quand en fin de trajet, j'arrive aux deux derniers très serrés, que je n'aime pas du tout, je fais au mieux, mais je freine beaucoup, car je suis suivie et collée. Mon arrivée au rond-point de Saint-Brevin s'accompagne encore d'un sentiment de soulagement d'en avoir terminé.
Pour reprendre la voie rapide, je ne suis pas épargnée, j'affronte une petite difficulté familière à tout automobiliste. Je dois prendre une décision rapide pour m'insérer alors qu'une caravane est à côté de moi. Je ne veux pas lui passer devant, j'ai peur aussi de ne pas avoir le temps de m'insérer avant la fin de la bretelle. Je ne sais pas à qui est adressé le coup de Klaxon que j'entends. Je m'insère derrière la caravane. Je n'ai pas eu assez rapidement une vue globale de la situation.

Ce même dimanche, les émotions du matin ne m'arrêtent pas, je souhaite me rendre à Prinquiau voir une exposition de peinture. Notre région est mise en vigilance orange pour risques d'orages, cela me fait un peu hésiter, mais je ne renonce pas.

Par la deux fois deux voies, j'ai 25 km à parcourir. Aller dans un lieu inconnu est une petite difficulté supplémentaire intéressante. Je m'oriente assez facilement sans avoir mis mon GPS. Au retour, je prends très bien la fameuse courbe. Il commence à pleuvoir et l'orage éclate une fois que je suis arrivée chez moi.

Il n'y a pas de cause à la peur. Elle n'est qu'imagination.
Elle te bloque comme une barre de bois tient une porte fermée.
Brise cette barre.

Djalâl ad-Dîn Rûmî

Les dimanches où je retourne faire les allers-retours entre les deux ronds-points de la D5 se multiplient.

Mon évolution en conduite seule :
– Je m'arrête encore pour ne pas être suivie, ou pour faire une petite pause avant le retour ;
– Certaines courbes sont bien prises alors que pour d'autres la peur me fait trop freiner avant et à l'intérieur ;
– La peur ramène encore trop mon regard dans le virage ;
– Je corrige la position de mes mains sur le volant ;
– J'évalue parfois mal ce que je fais et je me fais peur ;
– C'est bon signe d'attendre le dernier virage alors que je viens de le passer !

– J'ai réalisé mon objectif !

2

BOUAYE EN AUTO-ÉCOLE

Cette même année, l'été s'annonçant bientôt, je vais pour la première fois à Bouaye en auto-école.

À l'aller, je ne ressens pas le besoin de beaucoup ralentir ou de m'arrêter sur la route à double sens de circulation après Pornic. J'atteins les 110 km/h autorisés sur la petite portion de deux fois deux voies avant Bouaye et je double un camion naturellement. Je prends bien les virages de la fin du trajet, comme ceux de la D5 en auto-école maintenant. Je suis étonnée, quand arrive la sortie vers Bouaye, que la série des virages soit déjà terminée.

Au retour, je fais une erreur d'orientation, je rentre dans deux petites agglomérations au lieu de les éviter. Stéphane ne me fait pas de remarques négatives à ce sujet. Ensuite, sur la route, je ressens un peu de fatigue et parfois quelques picotements, mais c'est sans conséquence sur ma façon de conduire.

Je suis contente de ce trajet, je fais mieux que je n'en ai l'habitude avec ma propre voiture. Là encore, à aucun moment, Stéphane n'a pris les commandes. C'est vraiment moi qui ai conduit, mais avec sa présence qui me rassure et qui me permet d'aller au-delà de ce que je fais seule.

Par une belle journée d'été, je refais ce trajet seule.

Le début de l'aller se passe bien, sur la Route bleue et sur le pont de Saint-Nazaire. Je me sens cependant un peu crispée dans certaines courbes que pourtant, je prends souvent bien. En quittant la Route bleue, en direction de Bouaye, je suis attentive aux variations de limitations de vitesse, cela peut être 50, 70 ou 80 km/h. Il y a de la circulation, mais cela ne m'inquiète pas vraiment. Je roule bien et je suis proche des vitesses autorisées. Je ne ressens pas le besoin de ralentir, donc je ne gêne personne. Je commence à être un peu moins à l'aise quand arrive la portion de route limitée à 110 km/h. Je laisse les véhicules me dépasser, alors qu'en auto-école, je roulais très bien à cette vitesse.

Je suis un peu crispée lorsque je sors de cette route plus rapide. J'aborde quelques virages en étant entre deux pelotons de voitures. Je m'arrête pour laisser passer celui qui est derrière moi, mes mains tremblent un peu et je repars quelques minutes après. J'affronte alors les virages limités à 70 km/h et là je suis plutôt contente, car pour la première fois, je sens que je les prends bien. Je suis surprise d'être plus à l'aise qu'avant ma petite pause, car ce sont ces virages que je commençais à redouter, et habituellement la peur augmente en fin de trajet. J'arrive à bien mettre en application dans les virages la technique vue en auto-école, je suis en progrès. Quand la vitesse autorisée remonte à 80 km/h et qu'il y a moins de virages, curieusement je me sens moins bien. Je pense que c'est comme si je m'accrochais moins à une technique bien acquise et alors la peur revient un peu. Le bouchon qui se forme ensuite me repose. Après avoir pris la sortie pour Bouaye, je roule sur de plus petites routes et tout va bien.

J'accède à la rue de la Gare, je longe la voie ferrée, je suis presque arrivée.

Un tableau précis du grand pré et de ce qui l'entourait dans notre enfance reprend vie dans mes pensées. Une haie rassurante nous isolait de la rue peu passagère. Des barbelés d'un côté nous séparaient des vaches qui broutaient paisiblement tout en nous épiant. J'allais parfois observer de près ces voisines imposantes. D'autres barbelés à l'opposé nous protégeaient du cheval que je n'osais pas approcher. Nos petites escapades se terminaient par une visite au mouton et aux poules dans les dépendances, derrière l'habitation. Les grenouilles, dans la mare, nous échappaient, et le petit chat Pompon circulait parmi nous. Cet environnement calme avec peu de monde me convenait bien. Nous nous éloignions peu de la couverture étalée sur l'herbe, seulement pour quelques cueillettes de mûres ou jeux de cache-cache.

En milieu de matinée, j'arrive à la maison de campagne de ma sœur. J'essaye de me détendre en profitant de la chaleur du soleil dans le jardin. Je passe un moment agréable en famille.

Au retour, je me sens un peu crispée dès le début dans les virages, pourtant ils m'impressionnent moins dans ce sens habituellement. Il y a de la circulation, mais on ne me colle pas. On me double dans la portion à 110 km/h dans laquelle je reste à 80 ou 90 km/h. Je me sens encore un peu tendue lorsque je sors de cette partie de route et que j'aborde des virages. Dans la ligne droite assez longue ensuite, je roule bien, ceux qui sont derrière moi ne me dérangent pas, et je n'imagine pas que je les dérange puisque je roule comme eux.

Quand je retrouve la route de Pornic en deux fois deux voies, je suis un peu tendue par moments aussi ; c'est sans doute dû à la fatigue. Le passage du pont et la fin du trajet se font sans difficulté. Malgré des moments de crispation, je trouve une amélioration globalement pour ce trajet.

À l'automne, je refais ce trajet en auto-école.

Je roule bien, je tourne bien, je m'adapte bien à toutes les limitations de vitesse. Je constate de nouveau que je peux faire bien et qu'en me faisant confiance tout va beaucoup mieux. La présence de mon moniteur Stéphane m'est précieuse. Il me rappelle toujours au bon moment ce que je peux oublier ou ne pas avoir encore automatisé. Il me fait corriger mon regard, il me rappelle la position des mains sur le volant, dans les virages en particulier. Je l'interroge pour certaines décisions que je n'ose pas prendre sans m'assurer que c'est bien adapté. Parfois en parlant, je prends du recul par rapport à la route et ma conduite tend à devenir plus naturelle. Sortir de la concentration permet de voir s'il y a automatisme.

Mon évolution en auto-école :
– Je roule bien et je gagne en confiance ;
– Je prends bien les virages sans ressentir de peur ;
– La fatigue due à l'intensité de la concentration au retour la première fois se fait à peine sentir la deuxième fois.
Mon évolution seule :
– Encore un seul arrêt a été nécessaire avant Bouaye ;
– La peur d'être suivie disparaît même pour un camion ;
– Le maintien des vitesses autorisées se fait sans forcer, sauf sur la petite portion à 110 km/h ;
– Le ressenti et la technique dans les virages avant Bouaye sont en très bonne évolution ;
– L'automatisme se développe.

3

L'ŒIL DU SANGLIER

Je reviens quelque temps en arrière, au début des leçons de conduite sur la D5. J'ai très peur des virages et des côtes, car elles ne me permettent pas de voir comment est la route après le sommet. Je ne vois pas si des véhicules arrivent ni à quelle allure ils roulent. Je n'obtiens ces informations qu'en entamant la descente. Je pense qu'en cas d'obstacle, je ne pourrai pas m'arrêter, donc avec appréhension je ralentis beaucoup. Cette impression existe aussi sur les deux fois deux voies quand je double un camion et que la route n'est pas toute droite.

Stéphane me propose un cours sur les arrêts d'urgence. Il m'explique en quoi cela consiste. Spontanément, je suis partante. Sur une piste adaptée sans circulation, j'apprends à les faire.

À 50 km/h, je fixe une ligne déterminée à l'avance. Arrivée à cette ligne, je freine au maximum comme si devant il y avait un obstacle, et je débraye à la fin du freinage. Au début, je n'ose pas vraiment freiner à fond ou alors je ne débraye pas.

Je recommence et le refais ensuite à des vitesses supérieures. Je m'habitue à l'exercice et je le réalise assez correctement. Je suis surprise de voir que la voiture s'arrête vite et sans glisser. C'est un peu stressant, mais en même temps c'est rassurant. Cette peur est beaucoup plus supportable que celle des virages, elle n'est pas de la même nature, ce n'est pas comparable. J'oublie assez vite cet exercice.

En auto-école sur la D5

Ce jour d'automne, nous commençons le trajet habituel sur cette route. Nous laissons derrière nous un petit hameau d'habitations et quelques premiers virages. Subitement, venant de la droite surgit un sanglier qui nous coupe la route. Il traverse juste devant la voiture perpendiculairement à elle en prenant le plus court chemin pour aller de l'autre côté. Il est énorme, je crie et je freine fortement. Stéphane freine aussi, la voiture glissant un peu à la fin du freinage, il me dit de lâcher le frein.

Je garde encore en mémoire cette énorme masse de profil juste devant la voiture, j'ai le temps de voir son cuir épais de couleur sombre, et surtout son œil qui me regarde.

Après cet événement, on quitte la D5, on roule doucement sur la petite D96, route sans circulation. On parle longuement de l'incident. Je pose des questions sur ma réaction, sur les détails de la situation que je n'ai peut-être pas vue dans son ensemble. Stéphane, qui est resté très calme pendant l'événement, répond tranquillement à toutes mes questions.

Entraînements sur la D5

Quelques jours après, en partant pour la D5, je vais à la chasse au sanglier… Un peu de dérision sans doute pour laisser moins de place à l'inquiétude. Je mets la radio comme me l'a conseillé Stéphane pour m'aider à moins faire une fixation sur ma peur.

L'épisode du sanglier n'a pas d'incidence sur ma décision de refaire seule ce trajet habituel. L'accompagnement dans le calme dont j'ai bénéficié dans ce moment où le pire a été évité m'a aidée à surmonter et à ne pas transformer le souvenir de l'événement en obsession.

Sur la deux fois deux voies, j'observe sur le côté le tronc d'un arbre. Sa position horizontale me rappelle le sanglier. Quand je traverse le pont, je me dis que là au moins, il n'y en aura pas.

Je commence bien le trajet sur la D5, je passe correctement les premiers virages, comme la dernière fois. Ensuite, je suis suivie, je perds un peu ma radio et mon virage est moins bon. Je régresse un peu, ma voiture n'est pas assez dans l'extérieur de la courbe quand je tourne à gauche, et j'ai un peu de palpitations. Ce n'est pas lié au sanglier, je n'y pense pas vraiment.

Quand je fais le retour, je suis encore suivie et je ralentis un peu trop dans les virages. Je gêne sans doute la conductrice qui est derrière moi, c'est dommage pour elle, mais je fais ce que je peux en n'étant pas plus dangereuse qu'elle avec son téléphone à l'oreille. Je n'aime vraiment pas les derniers virages. Malgré quelques points négatifs, je sens un fond qui se consolide.

Un jour, les bons réflexes acquis étaient revenus seulement à la fin d'un premier aller-retour, j'avais tenté aussitôt un deuxième qui était mieux. Le troisième allait encore être mieux ? Cela n'a pas été le cas, j'avais négligé la phase de récupération.

Quand je repense au sanglier, c'est toujours son œil que je vois. Il semblait vraiment me regarder et me fixer quand il est passé devant la voiture.

Corsept

C'est une conduite très positive que je réalise ce dimanche matin. Je prends la route directe après le pont. Je me rends au salon du livre où je vais faire une assez longue pause agréable.

À l'aller comme au retour, tout va bien. Je roule aux vitesses autorisées sans ressentir ni picotements ni palpitations. Si une voiture me suit, même un peu de près, cela n'a rien d'inquiétant. Je reconnais au passage les endroits où je m'arrêtais il y a quelque temps lorsque je n'avais pas encore apprivoisé mes peurs. Ce jour il ne me vient pas à l'idée de le faire.

J'ai déjà fait ce trajet sans problème apparent et en étant contente de mon évolution. Ce dimanche, je perçois vraiment une différence. C'est nouveau pour moi, surtout au niveau du ressenti. Je retrouve le plaisir d'une conduite sans me poser de questions angoissantes à aucun moment. Ce jour d'automne m'offre une belle éclaircie.

Guérande

J'y vais avec une amie. Au gros rond-point de Villeneuve, à l'aller comme au retour, je me place bien sur la file de gauche pour prendre la deuxième voie du rond-point et tout va bien. Il m'est arrivé de rester à droite par manque de confiance.

Sur la route, je roule sans ressentir la peur du vide et je n'ai pas de sensations physiques désagréables. J'atteins assez naturellement la vitesse de 110 km/h pour doubler un camion. À la fin du trajet, je prends la courbe de Cran-Neuf sans angoisse. Dans ma conduite, je retrouve une augmentation de la fluidité. La peur diminuant, je perçois mieux la route dans son ensemble. C'est comme sur la route de Corsept il y a deux jours. J'ai une impression de voile qui se retire.

En ville

Le boulevard Laennec de Saint-Nazaire, a beaucoup de feux.

Ce n'est pas toujours facile de réussir ce que j'ai appris. Pour l'un des feux, je me prépare bien mentalement et techniquement à le voir passer éventuellement à l'orange. Juste avant, j'évite de perdre de l'accélération et je mets le pied prêt à freiner si nécessaire. Le feu passe à l'orange, je regarde derrière, je freine et je m'arrête, c'est parfait. Quand je ne m'y prépare pas aussi bien, je perds de la vitesse, j'accélère et mon pied n'est pas sur le frein.

Pornic

Une grande frayeur sur la deux fois deux voies.

Je prends la décision de doubler un camion qui ne roule pas à 90 km/h. C'est dans une courbe à gauche, mais je me sens à l'aise, en auto-école je l'aurais fait. En le doublant, je découvre que le camion est très long. Je surveille ma vitesse pour ne pas faire d'excès. Au même moment dans mon rétroviseur, je vois un autre camion juste derrière moi. Je prends peur, je perds de la vitesse, je risque de rester trop longtemps à gauche en me forçant et sans y être à l'aise. Je mets mon clignotant à droite et je me rabats derrière le premier camion qui me distance.

Le second camion continue son dépassement. Il ne klaxonne pas, il ne fait pas d'appels de phares, il ne m'agresse pas. J'ai pourtant dû le gêner. Je perçois ce conducteur de camion comme quelqu'un de courtois, qui conduit bien et qui n'a pas besoin de rabaisser l'autre. Cela me donnerait envie de le remercier.

Après m'être rabattue sur la voie de droite, je réfléchis à ce qui vient de se produire. Au début de ma manœuvre, j'avais pourtant confiance, je ne me forçais pas, mais je n'avais pas vu que c'était comme si j'allais doubler deux camions à la fois.

Parmi les courbes qui suivent et que je connais bien, il y en a une que je prends très bien, je suis lancée normalement avant, et quand je tourne, je suis à l'aise. Même si c'est assez différent, je repense au feu orange d'il y a quelques jours en ville. Ce qui est identique, c'est que je maîtrise bien la technique à ces moments-là. Pour une autre courbe, que je prends un peu moins bien, une petite appréhension me fait légèrement ralentir. Dans cette dernière, je subis alors que dans la précédente, je suis active. Parfois, je me motive avant une courbe en me disant que je vais faire aussi bien qu'en auto-école. Cela donne de bons résultats, je la prends alors très bien, elle est belle et je n'ai aucune peur. Je progresse.

Il m'arrive, en prenant la sortie vers Pornic, de m'étonner comme si j'attendais encore une autre courbe plus dure. La peur diminue. Le retour en général se passe bien, avec moins d'appréhension.

Un jour, je vois ma main droite faire un mouvement pour pousser le volant alors qu'elle ne doit pas le faire, mais « elle se corrige très vite toute seule ». Certains automatismes se remettent donc bien en place. Cela me redonne confiance.

Mon évolution en auto-école :
– Chaque leçon fait se déplacer le curseur vers la droite ;
– Je me sors de la situation avec le sanglier sans traumatisme.
Mon évolution seule :
– Je suis plus à l'aise dans les courbes sur la Route bleue ;
– La crainte sur la route de Corsept laisse place au plaisir ;
– Plus d'arrêt sur la D5 quand je suis suivie, et je refais l'aller-retour complet.

4

OSER FAIRE LE SAUT

La dernière fois que je suis allée seule sur la D5, il y a un mois, c'était après l'incident du sanglier.

Aujourd'hui, j'ai un peu froid dans la voiture quand je reprends la même direction. Je m'arrête pour régler le chauffage et la radio, je recrée des conditions plus favorables, et je me sens mieux en repartant. L'appréhension me fait freiner plus que d'habitude avant les virages. Mais une fois que je suis dans les courbes, je les prends plutôt bien. Je ne suis pas très satisfaite cependant. C'est comme si avant les virages, je n'osais pas faire un certain saut.

Je renouvelle cet entraînement, une quinzaine de jours après. Avant de passer le pont, mon regard le parcourt avec une certaine admiration. Il faut bien avouer qu'il est beau et impressionnant avec sa forme élégante en « S ». J'aperçois de loin ses pylônes à rayures rouges et blanches qui culminent à 68 mètres au-dessus du tablier. Je savoure quelques instants le plaisir que cela me procure de savoir que je peux maintenant rouler tout là-haut sans angoisse. Je n'en reviens pas.

Après la sortie du pont, sur la deux fois deux voies, j'ai en mémoire la peur que j'avais eue en tentant le dépassement d'un très long camion il y a quelque temps. Cette fois-ci, au même endroit, dans une courbe à gauche, tout va bien en doublant une voiture qui rentre par une bretelle.

Sur la D5, je prends plutôt bien certains virages. Cependant, j'ai l'impression de ne plus assurer correctement et de régresser quand à plusieurs reprises, je m'arrête de nouveau pour laisser passer des véhicules. Cette réaction est celle d'une rechute donc d'un échec.

La chute n'est pas un échec,
l'échec est de rester là où on est tombé.

Socrate

Elles font du bien, les belles citations que je sélectionne, elles consolent et redonnent de l'espérance.

Au retour, j'apprécie de bien conduire sur la deux fois deux voies.

J'ai fait beaucoup de progrès, mais j'ai parfois du mal à accepter les difficultés qui persistent quand j'aborde les courbes, toujours avec cette impression de devoir effectuer un saut. Ceci malgré la motivation et la volonté dont je fais preuve, c'est le doute qui essaye de se frayer un chemin.

J'en parle à Stéphane, je n'entends pas de sa part que je vais y arriver ou non. Il me fait une nouvelle comparaison avec le sport : « les progrès qu'un sportif réalise à long terme sont le fruit d'un entraînement journalier, et pourtant ils ne sont pas mesurables chaque jour, des temps d'arrêt sont aussi nécessaires ». J'ai l'impression d'être en rééducation, un peu comme un blessé grave qui recommence à marcher après une immobilisation.

Au temps des premières leçons de conduite, quand je lui ai parlé de mes difficultés, tout en conduisant, il me décrit de façon précise le contenu d'une vidéo qu'il apprécie particulièrement sur la motivation. Il me la montre en fin de conduite. Je prends le temps de la visionner ensuite chez moi. Il se dégage de cette vidéo des encouragements à ne pas s'arrêter à l'échec, mais à se faire confiance.

Un homme gravit seul une montagne et les nombreuses citations écrites qui accompagnent son ascension en disent beaucoup en peu de mots. J'ai noté ces citations, cela m'a donné envie d'en chercher d'autres dans le même esprit. J'en ai trouvé dans mes calendriers et surtout sur Internet. Pour me motiver, j'en ai écrit en rouge dans les marges de mon carnet de bord que je présente à Stéphane à chaque cours. Lui-même, pour faire réfléchir les jeunes, il en affiche dans la salle de cours de code.

Savenay

Le lendemain de mon ressenti d'échec, malgré une hésitation, je vais à Savenay pour rechercher du mieux.

L'aller se passe bien, et c'est une réussite à deux reprises de doubler un camion. En prenant la sortie de Savenay, l'étonnement d'être déjà arrivée, comme cela se produit pour Pornic, est positif. Je suis contente aussi de mon ressenti dans les courbes, aussi bien sur la deux fois deux voies que sur la route de Saint-Étienne-de-Montluc à double sens de circulation après Savenay.

Au retour, naturellement, je roule à 110 km/h sur la voie de gauche pour laisser entrer une voiture, et je prends plutôt bien la courbe de Prinquiau.

En fin d'après-midi de cette journée d'hiver, le ciel se charge vite. Les couleurs contrastées et insolites dessinent un paysage extraterrestre qui me fait apprécier de rentrer à la nuit tombante. Cette splendeur m'aide à chasser les images, qui par le passé accompagnaient mes angoisses, et qui peuvent revenir par flashs. En me concentrant sur la beauté du ciel, j'éloigne la peur.

Cette sortie relativise un peu l'impression d'échec de la veille.

La D5 en auto-école

Quand je reprends la D5 en auto-école, c'est beaucoup mieux que seule. Les acquis des dernières leçons sont gardés, et depuis plusieurs semaines, je prends de plus en plus naturellement les deux derniers virages serrés.

Le décalage entre ma conduite en auto-école et ma conduite seule à l'abord des virages me fait réfléchir à ce qui n'est pas encore bien acquis.

Que reste-t-il à améliorer ? Il me vient une comparaison avec la natation. Imaginons que pour sauter dans une piscine, j'aie besoin d'une bouée pour me rassurer alors qu'une fois dans l'eau elle ne m'est plus nécessaire, car je sais nager.

En auto-école, quand j'aborde les courbes, c'est comme si j'avais une bouée qui me permet d'oser et de sauter le pas pour entrer dans la courbe. Quand je suis seule, je n'ai pas de bouée, alors j'ai peur et je n'ose pas. Une fois la courbe commencée, maintenant je tourne bien. Tout ceci n'est que dans ma tête, rien ne se voit de l'extérieur.

L'amélioration sur la D5 a été plus progressive que sur la deux fois deux voies, mais à ce jour, une très grande étape a été franchie. De plus en plus souvent je peux dire : « ça tourne tout seul » et Stéphane dit : « il est beau, ce virage ». Je peux aussi maintenir une conversation tout en tournant.

Il faudrait que je ne me représente pas ce saut à faire. Tout devrait être fluide, même dans ma représentation mentale. Les virages ne sont sans doute pas des obstacles à franchir, ils ne sont pas à part de la route. Ils en font partie de manière intrinsèque et continue.

La progression actuelle est surtout dans le ressenti. Cela m'encourage à m'entraîner seule.

Corsept suivi de la D5

Le lendemain après-midi, je prends la route directe de Corsept aussitôt après le passage du pont. Comme la dernière fois, je conduis bien tout en étant aux vitesses autorisées. Je prends très bien les virages et je ne suis pas gênée si l'on me suit. Je roule donc sans culpabilité.

Après Corsept, j'emprunte une petite route, je ralentis, car les bas-côtés sont assez boueux. Je n'ai personne derrière moi, je roule à la vitesse qui me convient, je ne me mets pas la pression avant d'arriver sur la D5. Quand je l'aborde, je prends assez bien les deux premiers virages. Le suivant est plus impressionnant, et un autre est mieux pris que d'habitude. Sur la ligne droite, je roule bien et au maximum de la vitesse autorisée, en accordant peu d'importance à la voiture qui me suit.

Pour les virages suivants, je me dis de laisser la voiture aller tout droit et de tirer sur le volant, c'est-à-dire d'accepter d'y aller, de ne pas refuser la courbe. Tout se passe assez bien, en me motivant ainsi, je réduis l'impression de saut à effectuer.

Ce n'est pas parce que les choses sont difficiles que nous n'osons pas, c'est parce que nous n'osons pas qu'elles sont difficiles.

Sénèque

Le dernier virage est plus dur, il est serré et la voiture derrière s'est rapprochée de moi. Je termine le trajet en gardant cependant une bonne impression de l'ensemble.

J'ai encore un autre stade à franchir, d'abord en auto-école.

Mon évolution en auto-école sur la D5 :
– Bonne amélioration du ressenti dans les virages ;
– Mentalement, l'abord des virages est encore à améliorer.
Mon évolution seule :
– Sur les deux fois deux voies :
 – Bonne conduite et bonne adaptation.
– Sur la D5 :
 – Bonne progression globalement ;
 – L'aller-retour se fait plus naturellement ;
 – Plus fréquemment dans les virages, je me sens bien ;
 – Mentalement, l'abord des virages reste une épreuve.

5

UN TRÈS GRAND VOYAGE UN PEU AUDACIEUX

D'abord deux petits trajets inhabituels

Par une belle, mais fraîche journée ensoleillée, je prends assez spontanément la Route bleue en direction de La Baule. Un désir de nouveauté me pousse vers la première sortie et me dirige vers Pornichet par une deux fois deux voies que je n'ai pas l'habitude de prendre. Une nouvelle sortie m'amène près de l'aérodrome. Je reviens par une petite route à deux voies de circulation. Tout se passe bien et fait naître l'envie d'autres trajets moins connus.

En empruntant des petites routes, je me rends à une trentaine de kilomètres, un peu après Assérac en passant par Saint-Lyphard. Ma conduite est fluide, je ne me prends pas la tête dans les virages qui sont assez nombreux. Au retour, je retrouve la peur qui me fait un peu trop freiner avant deux ou trois virages. L'ensemble reste cependant réussi.

Le Puy-de-Dôme en famille

Je reviens quelques mois en arrière, au printemps dernier.
Par une belle journée de mai, tôt le matin, je vais à Nantes rejoindre ma famille. Nous allons nous rendre chez mes neveux

de Boston qui se sont installés maintenant dans le Puy-de-Dôme. Arrivée chez ma sœur, je laisse mon véhicule, et je deviens passagère pour le long parcours vers le Puy-de-Dôme. De ma position, j'observe l'autoroute, je m'imprègne d'elle et je la redécouvre. Je n'ai pas roulé sur une autoroute depuis des années.

Quand j'allais assez régulièrement dans la région parisienne, il y a une trentaine d'années, je prenais l'autoroute que je finissais par connaître par cœur, les différentes étapes m'étaient devenues très familières : Saint-Nazaire, Nantes, Angers, Le Mans et Paris. Je me souviens qu'il me fallait quatre heures pour m'y rendre. Je profitais de ces longs trajets, sur les temps du week-end, pour réfléchir à l'organisation de mon travail de la semaine. Je planifiais, je cherchais des idées pour susciter l'intérêt de mes élèves et pour rendre plus performantes les stratégies d'acquisition des méthodes de travail.

J'essaye, assise derrière ma sœur qui conduit, de m'imaginer à sa place. Elle conduit bien, avec prudence et respect des autres conducteurs. Cela me rassure et je me sens en confiance. Je n'ai pas peur, ni sur autoroute ni plus tard sur les routes de montagne.
Le séjour est très agréable, je suis bien accueillie. Je me sens plus naturelle, je parle plus spontanément, et à l'occasion, il m'est dit avec délicatesse que j'ai changé. Le silence non délibéré provient parfois d'un blocage mental ; depuis quelque temps, je suis accompagnée en auto-école pour un blocage de conduite. L'amélioration de ma conduite améliore mon mental, des blocages disparaissent et implicitement améliorent le relationnel. Je profite au maximum des visites, des superbes promenades et des marches en montagne. Ce dépaysement et cette vie en famille me ressourcent.

Quand nous repartons, à l'issue de ce séjour d'une semaine, je retrouve dans la voiture ma place d'observatrice, tout se passe bien comme à l'aller.

Arrivée à Nantes, je reprends ma voiture pour le retour vers Saint-Nazaire. Je suis encore bercée par une vitesse subie, mais très bien acceptée, de 130 km/h sur l'autoroute. Il me semble que j'approche plus naturellement la vitesse maximale autorisée sur la deux fois deux voies.

Le Puy-de-Dôme avec ma voiture

Au début du printemps suivant, à l'occasion d'une réunion de famille dans le Puy-de-Dôme, une idée fait son chemin. Plutôt que de m'y rendre encore comme passagère, j'envisage d'y aller en conduisant ma voiture.
Je ne m'y oblige pas, par moments, j'ai la conviction que cela doit être possible. Je me sens spontanément optimiste quand j'ai l'idée de faire ce long voyage. Je me dis qu'il y aura peut-être des moments difficiles, et que ce sera l'occasion de voir jusqu'où je peux assurer.

> *Un pessimiste fait de ses occasions des difficultés,*
> *un optimiste fait de ses difficultés des occasions.*
>
> Antoine de Saint-Exupéry

Une date est fixée. Je m'autorise cependant au dernier moment à différer mon départ si les conditions ne sont pas satisfaisantes. Le jour prévu, comme je n'ai pas assez dormi, je remets au lendemain.

Ce matin-là, je suis en forme. Je m'adapte assez bien au brouillard plutôt épais. Je ne réduis pas plus ma vitesse que les autres automobilistes. Je veille à bien garder mes distances. Je double quelques camions assez facilement, mais je peux aussi rester bloquée derrière un autre plus ou moins longtemps. J'essaye de ne pas me prendre la tête avec ça.

Après avoir roulé 70 km sur la deux fois deux voies qui m'amène à Nantes, j'emprunte l'autoroute A11, nommée l'Océane, en direction d'Angers. Je parcours alors une quarantaine de kilomètres et, comme je l'avais programmé, je fais une halte sur l'aire de Varades. J'y reste presque une heure pour bien récupérer. Quand je repars, le brouillard se dissipe.

Encore une quarantaine de kilomètres et j'arrive à Angers. Dans le tunnel, la route tourne vraiment beaucoup, je roule à 90 km/h comme cela est autorisé. Plus loin, dans une courbe très longue, je maintiens ma vitesse à 110 km/h.

Dans les deux cas, je pense à la courbe à la sortie de Nantes qui me fait très peur. C'est peut-être moins serré, mais beaucoup plus long. Je suis surprise de sentir que je ne panique pas, au contraire, je suis bien.

Quand je vois devant moi une grande descente suivie d'une remontée avec des courbes, j'observe le tout dans son ensemble, je pense à bien regarder loin. Je me dis que ce que je vais accomplir va être beau, et en effet tout va bien. C'est un peu comme un agrandissement de la configuration qui existe en miniature sur la D5, celle que je prends très bien maintenant, même seule, la première qui avait réussi à me rassurer alors que les autres m'inquiétaient encore.

Par moments, je suis consciente de l'absence de tensions. Je profite de ces courts instants pour bien respirer et me détendre même au volant. Je ne fais rien, tout en étant très présente à ma conduite.

Je parcours ainsi de nombreux kilomètres en ne ressentant qu'une seule fois la peur de paniquer avant une courbe. Mon cœur s'emballe un peu. Cela se produit après avoir roulé une heure environ après une pause. Je m'arrête vingt minutes plus tard dans une aire de repos pour me distraire et je sens légèrement que je n'ai pas très envie de repartir, comme si le doute commençait à s'installer.

Le plus souvent, le fait de regarder loin et d'être au point techniquement fait disparaître l'appréhension. La peur ne l'emporte pas.

Sur autoroute, je roule souvent à 110 ou 115 km/h avec quelques pointes à 120 km/h. Je me place toujours au bon endroit pour les sorties que je cherche. Je gère plutôt bien la partie orientation et prise de décision rapide sur les voies inconnues.

Dans une zone de travaux, la vitesse doit être réduite à 90 km/h, puis presque aussitôt à 70 km/h. Je freine un peu fort, je gêne celui qui me suit, qui me le fait bien savoir. C'est un peu stressant.

Je m'arrête dormir à Vierzon ; j'ai parcouru 380 kilomètres, donc les deux tiers du trajet complet. Je sens de la fatigue, mais il n'y a pas eu de panique.

Je reprends l'autoroute le lendemain en fin de matinée. Au début cela se passe assez bien, mais j'ai tendance à réduire un peu plus ma vitesse. Je m'arrête aux stations-service. Quand je repars, c'est mieux, mais je commence à avoir peur de ne pas pouvoir sortir de l'autoroute si une crise de panique arrivait. La bonne technique est cependant toujours à l'œuvre, et je peux faire appel à elle quand il y a des courbes et des descentes. Le cœur ne s'emballe pas.

Vers la fin du trajet, quand je suis dans le Puy-de-Dôme, tout en assurant bien, je trouve que c'est dur. Je fais très bien ce qu'il faut faire, mais cela n'est sans doute pas assez naturel, et je ralentis. Il faut dire aussi que l'autoroute est plus impressionnante que celles de la veille. Elle a davantage de voies, et la circulation est beaucoup plus importante avec de nombreux camions.

Je commence à avoir hâte de la quitter, avant que ça ne devienne un enfer. Je suis soulagée quand arrive la sortie de Riom prévue par une nationale. C'est une deux fois deux voies, et je m'y sens beaucoup mieux. Je continue par des routes plus secondaires, et tout va bien. Ma peur, due à la fatigue, sans doute, a disparu dès que j'ai quitté l'autoroute. Elle n'est pas restée ancrée en moi. Je n'ai pas fait de crise de panique.

Mon séjour de quelques jours dans le Puy-de-Dôme est assez court. Pour le retour, j'étudie la possibilité de prendre des routes nationales, pour éviter les autoroutes, surtout en début de parcours.

En partant du Puy-de-Dôme, je passe par Montaigut, Montluçon, Châteauroux et Tours. La route est belle, il fait beau, il n'y a pas beaucoup de circulation et la vitesse est souvent limitée à 80 km/h. Je suis étonnée de me sentir bien, il arrive cependant de m'arranger pour n'avoir personne derrière moi. Je veux éviter que la présence de quelqu'un me mette la pression et me fasse ralentir alors que j'ai une conduite assez fluide.

Les courbes sont nombreuses et, la plupart du temps, je les prends très bien, alors qu'elles peuvent parfois être assez longues.

J'arrive à bien mettre à profit ce que j'ai appris en auto-école dans les virages. C'est vraiment très positif, sans trace de panique.

Dans la ville de Tours, malgré la complexité pour trouver l'hôtel que j'ai retenu, je m'adapte et je m'en sors bien.

Le lendemain, par des routes souvent limitées à 80 km/h, je roule bien. En me dirigeant vers Chinon, je fais d'abord une halte à Néris-les-Bains que je découvre. Puis, je m'arrête plus longuement, je marche le long du château de Chinon, je visite pour le plaisir et pour me détendre.

Après Chinon, je tente l'autoroute A85 puis l'autoroute A11. Comme je ne m'y sens pas bien, je sors rapidement et je reprends les nationales au nord de la Loire. C'est plus long, mais j'y suis bien et je fais régulièrement des pauses.

Quand j'arrive du côté de Prinquiau, après être passée par Bouvron, la fatigue est là. La circulation sur la deux fois deux voies m'assomme un peu, alors que précédemment, j'étais bien, autant dans les lignes droites que dans les courbes.

Il fallait un peu d'inconscience de ma part pour faire un tel trajet. Je suis contente de l'avoir fait et je l'ai assez bien réussi, alors que je n'avais pas pu faire le retour du dernier long voyage entrepris il y a des années.

*L'audace réussit à ceux
qui savent profiter des occasions.*

Marcel Proust

Laisser mes chats quelques jours ne m'inquiète pas trop, sauf pour Pépino.

Pépino a besoin d'un médicament, la personne qui est venue s'en occuper a réussi à l'attraper seulement le premier jour. Comme ce chat est sourd, il a développé des stratégies de fuite assez performantes. Il a donc joué à cache-cache et s'est rendu inaccessible sous le regard étonné de Fripoune, sa petite protectrice. Dans sa bulle, il fuit tout le monde, sauf sa maîtresse et sa vétérinaire. Cela a été sans conséquence pour sa santé, j'ai été embêtée pour la personne volontaire pour me rendre ce service.

Mon évolution
– J'ai augmenté ma distance d'entraînement, j'ai réussi à parcourir plus de 1000 km, en comptant l'aller et le retour ;
– À l'aller, la vitesse sur l'autoroute et la fatigue ont fini par réveiller la peur ;
– Je n'ai pas fait de crise de panique ;
– Au retour, j'ai fait preuve d'endurance et de volonté, par des routes un peu longues, mais agréables ;
– J'ai bien réussi l'ensemble des nombreux virages.

6

TROUVER SA PLACE ET S'AFFIRMER

De nature timide, je connais les difficultés d'intégration dans un groupe, surtout pour prendre place dans une conversation. Parfois toute une épreuve intérieure précède la décision d'enfin prendre la parole.

Sur la route, je remédie à des difficultés qui ne sont pas toujours d'origine phobique, mais liées à ma personnalité. Il existe une similitude entre mon état d'esprit en conduite et en conversation dans un groupe.

Par la Route bleue, j'ai mes habitudes. Je me rends régulièrement à Pornic en me dirigeant vers le sud ou à Guérande en me dirigeant vers le nord-ouest. Le mental ne s'emballe plus en anticipant sur un danger éventuel. Cela ne m'empêche pas de rencontrer des situations déstabilisantes, ou de me sentir simplement maladroite, indécise ou ponctuellement en perte de confiance. Je profite de ces occasions pour me dépasser. Je cherche à m'adapter au mieux et à trouver ma place.

Je ne peux pas changer la direction du vent,
mais je peux ajuster mes voiles
pour toujours atteindre ma destination.

Jimmy Dean.

En direction de Pornic, je ralentis pour laisser entrer une voiture alors qu'il serait mieux d'aller sur la file de gauche. Je ne me décide pas à doubler une caravane, je reste bloquée derrière.

Quand on manque de spontanéité, plus on attend le bon moment, plus il est difficile d'entrer dans la conversation.

Me résigner dans le silence est la plus simple solution quand une prise de parole me demande beaucoup d'efforts. Me préparer intérieurement et guetter le moment propice est déjà une avancée.

La situation suivante est sûrement assez banale pour les habitués de la route. Je me déporte sur la voie de gauche pour favoriser l'entrée d'un camion et d'une voiture. Le camion avec sa remorque roule plus vite que je ne l'avais évalué. Alors qu'une voiture me suit, je veux éviter de rester trop longtemps à gauche ou de faire un excès de vitesse. Je perds confiance, je ne me sens plus à ma place, je cherche à vite me rabattre. La voiture qui colle le camion ne facilite pas ma manœuvre. Quand je suis enfin sur la voie de droite, je suis soulagée de retrouver une place plus confortable.

Finir par me décider à prendre la parole, c'est prendre sur moi et faire un grand pas. Abandonner la place dès que je me laisse déstabiliser par quelqu'un qui est plus à l'aise peut me remettre en situation d'échec.

Comme j'y suis habituée, je dois faire presque le tour complet du rond-point de Cran-Neuf pour aller vers le pont. Je rentre sur la file de gauche, et je reste à côté du camion arrivé par l'entrée suivante. Par prudence, je me maintiens aussi légèrement derrière sans le doubler. Stéphane m'a souvent dit qu'un camion, sur ce type de rond-point, reste à droite avec son clignotant à gauche s'il dépasse la sortie d'en face. Comme je l'avais pressenti, il met son clignotant à droite et sort devant moi.

Pour ne pas risquer, en sortant, de lui couper la route, j'ai moins accéléré dans le rond-point. J'ai anticipé sur son trajet possible et j'ai gardé la bonne place sur le rond-point. J'ai fait le bon choix, au risque peut-être de contrarier quelqu'un de pressé derrière moi.

Pendant une conversation en groupe, quand je donne mon avis, je gâche parfois le plaisir. Je m'inquiète trop vite de contrarier les autres par le seul impact que l'affirmation de moi peut créer sur eux.

En atteignant la deux fois deux voies, je me retrouve entre deux camions. Assez vite, je double et je suis plutôt satisfaite de l'ensemble de mes décisions. Au retour, j'effectue une manœuvre inhabituelle : je double une caravane dans une courbe à gauche assez importante. Je sens un peu de peur, et je suis soulagée quand je reviens à droite. Je pense qu'il aurait suffi que j'accélère un peu plus dans la courbe sans perdre confiance.

La satisfaction de m'intégrer dans une conversation est parfois rattrapée par le doute. Je suis plus hésitante, ma voix s'affaiblit, et je termine rapidement. Davantage d'assurance m'empêcherait de m'effacer hâtivement.

Un panneau indique la distance qu'il me reste à parcourir pour arriver à Saint-Brevin. Cela me rappelle le temps où, pour me rassurer, je comptais les kilomètres restants, avec une hâte d'être arrivée. Même si je ressens encore quelques appréhensions, cette évaluation ne m'est plus nécessaire.

J'apprécie les moments où la priorité n'est plus de m'empresser de finir quand je parle. C'est plus confortable d'aller au bout de mon idée sans être préoccupée par le temps que je vais prendre.

Ce jour, c'est sur la deux fois deux voies en direction de Guérande que je me crée facilement une place en m'insérant. Je roule bien en atteignant les vitesses autorisées.

Un bon moment, passé parmi les plantes à Jardiland, me permet de me ressourcer et de repartir assez sereine.

Je prends bien le délicat gros rond-point de Villeneuve en me plaçant à gauche, et le retour à droite pour en sortir se fait aisément. Après avoir monté progressivement ma vitesse à 110 km/h, j'anticipe bien pour effectuer quelques dépassements. C'était sur cette route que les sentiments d'infériorité en suivant une camionnette m'avaient amenée à penser que je ne m'autorisais pas à aller dans la cour des grands.

Donc tout se passe correctement. Une petite appréhension et quelques picotements apparaissent cependant avant la courbe de Cran-Neuf, mais je récupère bien en tournant.

Parfois dans une conversation, l'aisance d'un interlocuteur peut me rappeler ma faiblesse. Mais quand cela coule de source, quand c'est naturel alternativement de prendre la parole et d'écouter les autres, c'est agréable.

Le lendemain, en y retournant, je fais mieux encore au niveau de la confiance en moi. Je fais face cependant à une peur justifiée. Le camion qui est devant moi ne tient pas bien sa voie, il se déporte, tantôt à droite, tantôt à gauche. Il fait freiner les voitures engagées sur la voie de gauche. Par sécurité, je fais le choix de maintenir une place loin derrière le camion.

Je préfère souvent éviter le conflit en restant en retrait.

Pornic

Je commence bien mon trajet, et je double un camion avant le pont. Puis, je rattrape une caravane et je m'approche, mais la côte qui m'empêche de voir loin me rend un peu réticente. Pourtant, objectivement, il n'y a pas de risque majeur à doubler, et le niveau de confiance que j'ai acquis doit me le permettre. C'est l'occasion de me dépasser.

Quand j'effectue le dépassement, j'ai hâte de me rabattre. Je ressens un peu de peur et des palpitations cardiaques qui disparaissent très vite. Je suis satisfaite de m'être un peu dépassée.

Après plusieurs traversées de ronds-points encombrés, pour lesquels il faut bien calculer et décider au bon moment, le retour se passe bien. Je fais attention à ne pas dépasser la vitesse autorisée, c'est bon signe. Je profite de moments où je roule en toute tranquillité. Ma conduite est assez fluide. Je me sens bien intégrée parmi les autres véhicules, je me sens à ma place.

C'est comme l'expérience d'une conversation pendant laquelle tout paraît naturel. Je parle ou ne dis rien, sans me forcer, sans contrainte intérieure, en m'adaptant aux autres, mais sans m'effacer. De simples moments de partage !

Savenay

Avant de partir, le mental ne s'affole pas. Pourtant, aller à Savenay, c'est vraiment emprunter la cour des grands.

Il faut trouver sa place parmi les nombreux camions. Je suis assez satisfaite quand, en me faisant confiance à 110 km/h, j'en double deux qui se suivent. Après, pour deux autres, je suis un peu moins à l'aise, car l'un est très long avec son chargement de voitures. Je me motive pour bien regarder loin. Prête à me déporter pour faciliter l'entrée de deux nouveaux camions, la présence d'un troisième, juste derrière sur la voie de gauche, me fait renoncer. Je côtoie alors ceux qui veulent s'insérer, ils ont encore de la marge, et ils rentrent derrière moi. Je finis par en doubler un dernier. Il y en a vraiment partout !

Après la contrariété de m'être laissé un peu surprendre, la peur disparaît vite. Une réparation est en cours sur le plan émotionnel. C'est bien d'arriver à Savenay, surprise d'y être déjà.

Au retour, j'atteins presque 110 km/h sans forcer, et je double un camion sans trop hésiter, c'est rare que je le fasse dans ce sens. Après ce dépassement, je prends bien la longue courbe de Prinquiau, en respectant la limitation de vitesse de 90 km/h.

Avec la nuit qui commence à tomber, je pense souvent à regarder loin. Je suis moins focalisée sur la peur que la dernière fois sur cette route, je m'y sens mieux.

Tout est plutôt réussi, je me suis adaptée et j'ai accepté ma place parmi les camions.

Dans un groupe très animé, les plus discrets trouvent des ressources pour malgré tout exister.

Mon évolution en auto-école : Au début, je faisais très attention à ce que je disais, je réprimais toute spontanéité. Maintenant, je peux parler un peu de tout : de conduite, d'informatique, d'actualité et même de politique.

Mon évolution au quotidien : L'effort intérieur avant de parler est moins nécessaire. Je m'exprime avec davantage de spontanéité. Je m'affirme davantage et avec simplicité.

7

L'UNION FAIT LA FORCE

L'Île de Nantes

Pépino est mon chat tout blanc et sourd de naissance, il est adorable et vit un peu dans sa bulle. Pour des examens complémentaires, je dois l'emmener à l'hôpital vétérinaire sur l'Île de Nantes. Cette île, située entre deux bras de la Loire, fait le lien entre le nord et le sud de la ville.

Maintenant, j'ai l'habitude des trajets vers Nantes, même dans des quartiers inhabituels, sans que les jours précédents le mental ne s'emballe. Je souhaite donner à mon chat toutes les chances d'être soigné, mais je sens que je dois prendre sur moi pour ce déplacement. Une agitation intérieure à laquelle je n'étais plus habituée ne me lâche pas quand je pense en particulier au retour.

J'attribue l'inquiétude d'avant mon départ au fait que la destination ne m'est pas familière. Je tente de désamorcer le processus par un repérage de l'itinéraire en programmant mon GPS. Je devrais surtout me faire confiance.

Dès 8 h 30, je suis sur la deux fois deux voies que je connais bien, tout se passe comme j'en ai l'habitude avec une circulation pas très dense.

Je partage la route avec des camions, je n'hésite pas à me mettre à gauche à la vitesse de 110 km/h pour en laisser entrer un. Après l'avoir doublé, un peu perturbée par la voiture qui arrive très vite derrière moi, je me replace rapidement à droite. Je reprends le dépassement d'un autre camion après l'éloignement de la voiture. Les courbes demeurent parfois mes points faibles, je regarde loin et j'accélère bien comme il se doit. Je réduis mon allure après Savenay, et je reste sur la voie de droite, comme je le fais souvent.

Arrivée à Nantes, le long de la Loire, je respecte tellement la consigne de mon GPS qui me dit de rester à droite que je m'engage sur une voie qui tourne. Ce n'est pas grave, je rétablis vite la situation, en faisant demi-tour au petit rond-point qui suit. J'avance dans l'inconnu, je longe le stade Marcel Saupin, et j'arrive à l'hôpital vétérinaire. Je me suis bien adaptée, je n'avais pas à laisser le doute s'installer, j'aurais pu me faire confiance.

Je dépose mon cher petit chat, car les examens vont durer une bonne partie de la journée. Je flâne dans les boutiques du centre commercial de Beaulieu pour me divertir. Mes tentatives de distraction sont régulièrement rattrapées par de nouveaux tourments pour le retour.

La raison me dit que la courbe de Sautron n'est pas plus dangereuse aujourd'hui que d'habitude, mais le mental en décide tout autrement.

Une solution d'évitement consisterait à prendre la direction de Pornic en passant par le sud de la Loire. Je ne me fais pas confiance, j'ai peur en partant de l'île de m'engager dans une direction non souhaitée, par exemple sur le grand pont de Cheviré au trafic dense qui me ramènerait au nord de la Loire.

Je repars de l'hôpital dans l'après-midi avec mon chat dans son panier à côté de moi. Mon GPS m'entraîne sur le périphérique sud que j'aurais souhaité éviter. Je n'ai plus qu'à lui faire confiance.

La circulation est très dense, je m'adapte bien au flux très important des voitures, je roule bien. Je prends facilement les bonnes sorties, j'agis avec discernement devant l'abondance des panneaux de signalisation. Je m'oriente bien, je ne risque pas d'aller inopinément sur le grand pont de Cheviré.

Un réel décalage existe entre ce que je redoutais en n'étant pas encore en situation et ce que j'assure en prenant les bonnes décisions au bon moment.

Mes aptitudes techniques et la confiance en moi ont fait bloc contre l'angoisse. Leur union a fait la force qui a permis de court-circuiter les pensées nocives présentes avant mon départ de l'île.

Pour aller vers Pornic puis Saint-Nazaire, je peux contourner Bouaye, mais cela me rassure de seulement y passer. Après Bouaye, je me conditionne pour bien prendre les premiers virages. Je ne ressens pas le vide, je réussis très bien malgré le doute semé par mes pensées.

Pépino est toujours silencieux dans son panier de transport à côté de moi. Bien qu'il soit sourd, je lui parle pour le rassurer. Sans me laisser envahir mentalement, je pense à la confirmation de résultats inquiétants pour sa santé.

Je suis très attachée à lui.

Après Pornic, la fatigue me fait légèrement ralentir, et la route m'assomme un peu. Le pont de Saint-Nazaire lui-même me rassure, je le passe très bien.

J'aurais pu faire ce trajet plus sereinement, car tout s'est bien passé. C'est facile à dire quand on oublie de quoi est capable le mental qui s'affole. Il avait été capable de me terroriser et de bloquer ma capacité de conduire lorsque j'ai fait des crises de panique. Aujourd'hui, cela ne se produit pas, deux forces s'unissent pour anéantir son action.

Pourquoi cette angoisse a-t-elle sournoisement gâché ce trajet ? Elle a fait irruption avant mon départ de Saint-Nazaire, puis elle s'est amplifiée juste avant mon retour.

La fatigue que je ressens en arrivant à Saint-Nazaire n'est pas liée directement à la route, c'est la conséquence du combat mené contre le mental qui tourbillonne et me harcèle !

L'inquiétude pour mon chat aurait-elle été mise en sourdine par mon inconscient qui l'aurait ensuite transférée sur l'idée d'une portion de route inconnue à affronter ? Je ne sais pas, l'inconscient semble rester le maître de ce qui m'échappe.

Nantes

La semaine qui suit cet épisode sur l'Île de Nantes, je refais un trajet plus classique vers cette ville. En terrain connu, je pars plus tranquille.

À l'aller, je roule sans atteindre 110 km/h, je n'ai pas envie de forcer. Dans la côte de Savenay, je double quand même un camion qui peine, ensuite je reste sur la voie de droite. La petite appréhension, avant la courbe de la zone de travaux, et avant la sortie Nantes-Ouest, est toujours présente.

C'est rassurant cependant de constater que, grâce à l'union de la technique et de la confiance, quand je tourne, je n'ai pas de sensation de vide.

Au retour, au gros rond-point de la porte d'Armor, il arrive presque continuellement des voitures et des camions sur la gauche avec peu d'espace pour espérer s'insérer. La voiture qui est à côté de moi sur ma gauche attend aussi le bon moment. Je ne sais pas de quelle voie derrière moi provient le coup de Klaxon, de toute façon je ne change rien, je fais ce que je peux. Je comprends l'impatience, mais je ne vais pas pour autant me jeter devant une voiture ou un camion.

Je suis contente de ma réaction intérieure, car mon jugement basé sur l'observation et l'évaluation prend davantage de place. La peur de gêner et la peur de l'autre qui s'impatiente ont moins d'emprise sur moi. Je vis un peu l'horreur quand je démarre, car je suis restée en seconde ! Dans cette situation, grâce à la confiance en moi qui exerce sa force, j'ai une bonne réactivité.

Bien avant d'arriver à la fameuse grande courbe, j'y pense et j'appréhende, sans pour autant envisager de solution d'évitement. Je la commence assez bien avec un regard loin, mais lorsqu'il revient, la peur s'amplifie. J'arrête brièvement d'accélérer, puis je reprends et je finis par voir la sortie.

Je m'applique à bien ressentir ma conduite dans les courbes de Savenay et de Prinquiau que je prends tranquillement à la vitesse d'un camion qui me précède. Jusqu'à la fin du retour, je reste à droite sauf pour faciliter l'entrée, par une bretelle assez courte, d'un camion avec une remorque.

Nantes en auto-école

Quand je refais un aller-retour vers Nantes en auto-école, par une belle journée d'été, je ressens une bonne évolution. Au retour en particulier, j'ai souvent l'impression de retrouver ma conduite d'avant mes premières crises de panique. De l'extérieur cela peut ne pas se voir, car j'ai déjà conduit de cette façon. Mais je m'approprie davantage la conduite. J'ai moins l'impression d'être au volant dans une sorte de pilotage automatique ou avec une bouée qui m'empêche de couler. C'est en conduite seule que j'aimerais retrouver régulièrement cette fluidité et cette assurance.

À la Toussaint et le jour de Noël, je retourne à Nantes chez ma sœur et dans sa famille.

La peur n'est pas là alors que je traverse des zones de brouillard et de soleil éblouissant. Je veille à ne pas dépasser la vitesse autorisée. Sur une bonne partie de la route après Savenay, j'atteins plus facilement que d'habitude une vitesse proche de 110 km/h et sans forcer. Je bénéficie du gain de confiance acquis en allant à Nantes en auto-école. La petite appréhension habituelle qui précède la zone de travaux ne m'empêche pas de bien la passer.

Le jour de Noël, je suis surprise d'avoir un camion devant moi. J'anticipe, je tiens compte des autres voitures et je choisis le bon moment pour dépasser. Les quelques palpitations apparues se calment très vite ensuite. Je ralentis à partir de la sortie Nantes-Ouest, jusqu'au rond-point de la porte d'Armor. En ville, je jongle facilement avec les ronds-points, les lignes de bus, les tramways et les pistes cyclables. Je mets environ 50 minutes, le temps préconisé par le GPS, pour arriver du côté du parc de Procé. Pour l'ensemble, je suis en progrès.

À Noël, quand je repars, à 18 heures, il fait nuit. Alors que dans la journée je n'ai pensé que très furtivement à la fameuse courbe, je sens venir la peur en l'approchant. Je fais l'effort de regarder loin et curieusement la courbe me paraît moins longue, j'accélère doucement, mais continuellement. Je la prends plutôt bien, mais ma vitesse est descendue à 60 km/h. Par moments, la circulation très intense, le noir et les lumières m'impressionnent, mais grâce à l'union de la technique et de la confiance en moi, cela ne persiste pas.

Mon évolution en auto-école :
– Tout se passe bien, je profite bien de cet accompagnement ;
– La perception du plaisir de conduire s'amplifie.
Mon évolution seule :
– Bonne adaptation pour l'Île de Nantes ;
– La technique et la confiance font alliance et me rassurent ;
– Avant la grande courbe, le mental est beaucoup plus calme ;
– Du mieux tente de percer dans cette grande courbe.

8

LE REGARD DES AUTRES

Je sais que le regard que je prête aux autres dépend beaucoup de celui que je porte sur moi-même. Les moments de faiblesse rendent plus sensible à ces regards.

Le professionnalisme du moniteur et sa mise en confiance en leçon ont vite atténué le poids de son regard supposé sur mes difficultés. En entraînements seule, j'ai été confrontée à mon propre regard très changeant suivant les moments et les circonstances de conduite. Le regard présumé des passagers que je conduis offre encore une autre situation.

Nous partons à trois à Guérande pour un déjeuner amical. Je me suis proposée pour prendre ma voiture, c'est donc que je me sens capable de conduire correctement et d'assumer un regard extérieur.

Cela n'empêche pas que la veille, cela m'inquiète un peu. La crainte d'être observée et jugée, de peut-être faire une erreur de conduite, ou simplement de ne pas conduire aussi bien que je sais parfois le faire.

À l'aller, la conversation des deux amies efface la pression que je m'étais mise. Je gère bien l'entrée d'un camion sur une bretelle en restant d'abord à côté de lui et sans freiner. Il rentre derrière moi, et tout cela se passe assez naturellement sans conflit interne. C'est plutôt bien réussi. La confiance en moi et ce que j'ai appris sur les entrées me permettent de faire un choix adapté à la situation.

Ensuite, j'effectue deux dépassements, je change de voie assez spontanément, et techniquement c'est parfait. Je réussis bien l'entrée sur le gros rond-point de Guérande.

Le repas se passe avec d'autres amis que l'on a rejoints, c'est l'un d'eux qui m'avait suggéré de prendre des leçons de conduite. Pendant ce moment agréable, je n'ai pas de pensées récurrentes sur le fait de conduire.

Après le repas, nous partons pour La Turballe, il y a environ sept kilomètres à parcourir. Nous y allons à deux voitures, mais ce n'est pas bon pour la conduite de suivre quelqu'un, alors j'enregistre la destination précise sur mon GPS et je vais lui faire confiance. Au premier rond-point, un car et plusieurs voitures me gênent un peu, je ne vois pas la globalité de la situation, et je ne prends pas la bonne sortie. L'erreur est facile à corriger, je fais demi-tour au rond-point suivant. Je suis un peu embêtée, mais je me rassure en silence. Je n'ai pas fait d'erreur de conduite ni d'imprudence, donc il suffit d'assumer face à moi et aux autres.

Sur la route, dans une courbe à 80 km/h, je suis satisfaite de savourer intérieurement de rouler sans avoir peur. Je participe aussi un peu aux conversations tout en privilégiant la conduite. Je traverse beaucoup de ronds-points, j'ai en tête comment les aborder au niveau des vitesses et de la décélération. Cependant, je n'arrive pas toujours à tout bien appliquer, car ils sont vraiment nombreux. Il ne s'agit pas cependant de fautes de conduite et je vis cela comme un bon entraînement.

Au retour, sur le gros rond-point de Guérande, je m'engage bien et au bon endroit, c'est-à-dire à gauche. Je suis un peu gênée juste avant de sortir par une voiture que je vois à ma droite dans mon rétroviseur. Je ne suis pas surprise par sa présence, mais j'ai du mal à évaluer la distance qui nous sépare et je n'ose pas me mettre devant elle avant de sortir. Je reste alors sur la voie de gauche à l'entrée de la deux fois deux voies, puis je me remets sur la voie de droite.

Tout cela est du vécu intérieur, je pense que pour les personnes qui m'accompagnent, tout va bien, et pour m'en assurer, je fais une remarque sur le fait que ce n'est pas toujours facile sur un tel rond-point, comme si je devais me justifier de toutes mes pensées. En réponse, l'une de mes amies fait une remarque positive sur la façon dont j'ai pris le rond-point. La deuxième revient sur l'insertion du camion à l'aller, elle me dit qu'avant dans cette situation, j'aurais freiné.

Donc à l'extérieur, tout va bien et l'on voit mon gain en assurance. Dans mon élan, j'explique pourquoi on ne doit pas freiner systématiquement quand un véhicule veut s'insérer, mais que l'on peut aussi être amené à le faire.

Sur la route, je double un camion avant de prendre le risque de m'installer derrière. Quand je le fais, la vitesse autorisée passe de 110 km/h à 90 km/h et je sais que le camion est limité à 90 km/h, je ne m'inquiète pas et je me rabats devant lui en douceur. À la suite de ce trajet, le curseur intérieur qui mesure la confiance en moi et qui était un peu descendu remonte.

Je retourne déjeuner dans les mêmes conditions à Guérande plusieurs fois dans les semaines qui suivent. La veille, cela me travaille un peu, mais une fois partie, cela disparaît. Je conduis en fonction de ce que je ressens et de ce que j'évalue. J'arrive à faire abstraction des éventuels regards posés sur ma conduite. D'ailleurs, je n'ai que des remarques positives, comme le jour où je m'insère habilement sur la deux fois deux voies aussi malgré une circulation intense.

Le gros rond-point de Guérande est objectivement un peu délicat à franchir pour beaucoup de conducteurs. Même avec un trafic important, je le réussis plutôt bien. Il arrive que le ressenti soit un peu moins bon, mais cela reste acceptable.
Dans le sens du retour, tout en manœuvrant bien, je me laisse moins surprendre par les voitures à ma droite et derrière moi, avant de prendre la sortie vers Saint-Nazaire.

Avant certaines courbes, il m'arrive d'espérer ne rien ressentir d'inquiétant quand je vais les prendre, je m'applique alors à bien regarder au loin et ces pensées disparaissent, tout se passe bien.

Nous sommes souvent plus effrayés que blessés
et nous souffrons de l'imagination plus que de la réalité.

Sénèque

Mes peurs sont en partie créées par mon imaginaire. J'essaye d'y remédier au mieux, cela demande du temps et de la patience.

Sur la deux fois deux voies, je vis quelques situations qui créent un léger stress. Une voiture arrive pour s'insérer alors que la voie de gauche est très chargée, je ne réduis pas ma vitesse et la voiture rentre derrière moi.
Au moment où je me rabats devant un camion que je double, je vois arriver derrière une voiture qui roule à vive allure. Cela me

perturbe un peu, je fais un petit à-coup devant le camion que je distance bien malgré tout. Après, je récupère vite, et cela n'a pas d'incidence réelle sur ma conduite. Tout se joue seulement sous mon propre regard.

Le rond-point de Cran-Neuf, celui qui est au-dessus de la grande courbe, est plus petit que celui de Guérande, mais pas toujours facile à prendre. Un jour, en revenant de Guérande, je fais partie des nombreux automobilistes qui cherchent à le franchir malgré beaucoup de voitures déjà engagées. J'attends sur la voie de droite et une voiture attend comme moi sur la voie de gauche.

Derrière, j'entends quelqu'un qui semble s'impatienter en pompant sur l'accélérateur plusieurs fois. Je vais faire comme je le sens, je ne vais pas prendre une décision en cédant à la pression de celui qui est pressé. Il y a un petit coup de Klaxon qui ne provient peut-être pas de la file sur laquelle je suis, je ne sais pas. Je finis, en même temps que la voiture qui est à côté de moi, par trouver l'espace nécessaire pour rentrer dans le rond-point.

Quand je vais à Guérande, au lieu de prendre la Route bleue, je peux choisir la route de Saint-André-des-Eaux. Elle est à double sens de circulation, elle tourne, elle monte et elle descend. Quand j'avais tenté cet itinéraire à mes débuts, j'avais eu vraiment peur, surtout que j'étais suivie par un car. J'étais rentrée en regrettant mon choix. Maintenant je m'adapte très bien à cette route.

Malgré quelques inquiétudes avant le départ, la confiance en moi et la maîtrise de la technique m'ont permis de plutôt très bien gérer les situations sous le regard des autres. C'est un peu comme un acteur qui a le trac avant d'entrer sur scène, quand il commence, la bonne connaissance de son rôle et son expérience font disparaître son stress.

9

SEREINEMENT VERS BOUAYE

Bouaye c'est aussi la Maison du Lac de Grand-Lieu. Ce lac, avec ses 6300 hectares de surface, est le plus grand lac de plaine de France en hiver. C'est la deuxième réserve ornithologique de France après la Camargue, avec plus de 270 espèces d'oiseaux.

La dernière fois que je suis allée à Bouaye, il y a quelques mois, c'était en auto-école et tout s'était bien passé avec un regain de confiance. L'impression de saut avant un virage n'était plus présente. Cela confirmait encore que je sais faire, mais qu'il me manque un peu d'assurance pour réussir aussi bien quand je conduis seule.

Quand je repars seule pour Bouaye, je constate d'abord qu'avant le départ, je ne suis pas envahie de pensées concernant des endroits anxiogènes de la route, en fait je ne pense à rien concernant le trajet.

L'aller se passe vraiment bien. Je m'adapte à certains changements sur la route : la suppression d'une sortie à la hauteur de Pornic, beaucoup plus loin, un nouveau rond-point, et un peu avant Bouaye, un nouveau tourne-à-gauche. Je roule aux vitesses autorisées naturellement.

Je n'ai pas en tête que je risque de gêner les autres en ralentissant, je maintiens une vitesse régulière sans forcer. Sur la petite portion en deux fois deux voies limitée à 110 km/h, je suis une caravane qui roule bien. Il y a beaucoup de circulation et je ne double pas. Je n'en ai pas envie et je trouve que cela n'apporterait rien, je n'atteins pas les 100 km/h.

Ensuite, près de Bouaye, arrivent les fameux virages que j'ai tant redoutés, je les prends très bien et sans inquiétude particulière. Le long de la route, je reconnais plusieurs endroits où j'avais l'habitude de m'arrêter pour récupérer. Ce dimanche, cela ne me vient pas du tout à l'idée, je n'ai aucune raison de le faire maintenant.

Je sens vraiment l'envie de dire merci à Stéphane pour tous ces progrès.

Pendant le pique-nique en famille, c'est l'occasion avec ma sœur de nous remémorer quelques bons souvenirs d'enfance liés au lac de Grand-Lieu :

– Quelques promenades à ses alentours ;
– La découverte des mâcres, ces gros fruits noirs venant du lac, formés de quatre cornes pointues sur lesquelles on évitait de s'asseoir ;
– Le lac gelé certains hivers ;
– L'odeur attirante des grillades d'anguilles rapportées par les pêcheurs.

Le retour se passe bien aussi, malgré un problème de climatisation qui ne fonctionne pas correctement alors qu'il fait très chaud. Cela gâche un peu le bon ressenti, mais c'est sans conséquence sur l'ensemble de ma conduite. Je tiens plutôt bien les vitesses autorisées. Il y a beaucoup de circulation ce dimanche. Sur la portion à 110 km/h, je fais une petite poussée à 100 km/h. Sur la route, ensuite, je roule à une vitesse régulière, l'idée de gêner n'effleure pas mes pensées, je roule bien.

Je fais ce trajet de nouveau quelques mois plus tard.

À l'aller avant le pont sur la Route bleue, c'est un plaisir d'anticiper pour passer de la limitation à 90 km/h à la limitation à 70 km/h sans freiner, il n'y a pas que sur le pont que je fais la conduite écologique.

Juste après Pornic, quand je prends la sortie de la deux fois deux voies, un camion sort aussi derrière moi. Il ne me colle pas, il respecte comme moi les vitesses de 50, de 70, ou de 80 km/h, et ceci pendant les trois quarts du trajet vers Bouaye ; il conduit bien et moi aussi. À aucun moment je n'ai envisagé de m'arrêter pour ne plus l'avoir derrière moi. Je suis contente de mesurer ainsi les énormes progrès que j'ai faits. Je prends plutôt bien les virages qui arrivent en fin de trajet.

Au retour, au début du parcours, quand j'ai une petite appréhension avant un virage, je me conditionne bien en me concentrant sur la technique. Sur la Route bleue, je constate par moments un peu de perte de vitesse. Dans la descente du pont de Saint-Nazaire, je fais une belle conduite écologique en maintenant mes 70 km/h sans freiner.

Dans l'ensemble, c'est bien réussi.

Le Croisic

Un soir de belle journée de printemps, je vais retrouver de la famille au Croisic pour dîner. Comme souvent maintenant, jusqu'à Guérande, tout va bien. Sur le rond-point, je rate la sortie pour Le Croisic, alors naturellement, sans inquiétude particulière, je refais un tour. Il est vrai que cette destination ne m'est pas très habituelle. Ensuite je roule correctement, mais je ne suis pas très fière quand je dois traverser les marais. En arrivant au Croisic, je fais face à de nombreuses zones de travaux et aux multiples sens interdits.

Une photo de la mer comme souvenir s'impose après m'être garée. Je ne pense pas vraiment au retour pendant le repas, mais je repars avec un peu de stress lié aux marais sans doute.

Je suis soulagée quand je vois le rond-point de Guérande, je rentre alors en terrain connu. J'ai quelques palpitations sur la deux fois deux voies, sans doute dues à la nuit tombante. Globalement je suis satisfaite, je me suis bien adaptée.

Mon évolution sur la route de Bouaye :
– Aucune anticipation mentale négative avant un départ ;
– Aucun arrêt en route n'a été nécessaire ;
– Le gain d'assurance et la bonne conduite font disparaître le sentiment de gêner ;
– Le maintien des vitesses autorisées se fait sans forcer sur presque tout le trajet ;
– La technique dans les virages est vraiment bien acquise et elle induit un bon ressenti.
Bonne adaptation aussi pour me rendre dans la ville touristique du Croisic.

10

J'AI FAIT UN RÊVE

J'avais rêvé, pour réapprendre à conduire, d'une route spéciale. Il s'agirait d'un circuit, désert, plat, sans habitation, sans aucun autre véhicule et surtout sans camions, et pourquoi pas sans lignes droites et sans virages ? Je l'ai imaginée, je l'ai cherchée, je n'ai rien trouvé. J'ai dû partager ma route et mes peurs avec tous les autres usagers.

En auto-école

Pour accéder à la D5 qui est tout l'opposé de mon rêve, chaque fois j'ai été confrontée à des situations très riches.

C'est d'abord le demi-tour sur le rond-point de Cran-Neuf pour prendre la Route bleue dans le sens de Saint-Brevin. Il n'est pas rare qu'une ambulance arrive derrière nous avec gyrophare et sirène. Pour anticiper et l'aider au mieux, l'esprit doit rester en éveil à chaque instant.

Sur la Route bleue, il faut jongler avec le ralentissement des véhicules qui sortent pour aller vers Nantes, les dépassements éventuels, et les entrées de voitures et de camions.

Le passage du pont de Saint-Nazaire sur une ou deux voies selon les horaires ou les travaux d'entretien. Il peut être aussi l'occasion d'un changement climatique brutal. J'ai le souvenir d'un jour de canicule à Saint-Nazaire, il faisait plus de 30 degrés, juste après la traversée du pont, en direction de Saint-Brevin, la fraîcheur nous est tombée dessus, nous avions perdu 10 degrés.

Après le pont, on circule sur la deux fois deux voies sur plusieurs kilomètres. Elle a ses bretelles d'entrée, parfois même dans des courbes ! Il faut toujours bien évaluer la meilleure des décisions à prendre, et ceci jusqu'au dernier instant.

Déjà, sur cette petite distance d'une vingtaine de kilomètres, j'ai beaucoup appris.

On sort ensuite de la Route bleue et après quelques petits ronds-points, nous sommes sur la D5. Petit à petit, l'effet de saut avant les virages s'est atténué pour disparaître complètement. Je roule de façon plus ou moins tonique selon les jours. Je conduis parfois vraiment bien, c'est mon ressenti et aussi celui de mon moniteur. Je regarde davantage le paysage et je parle plus naturellement.

En conduite seule

À mes débuts, la route directe de Corsept, avec sa circulation, ses variations de limitation de vitesse, ses intersections et ses courbes, me faisait très peur. Maintenant, c'est un plaisir de la prendre, je roule bien et je me sens à l'aise.

Puis, il y a eu la D5 ; maintenant, avant de partir, je n'anticipe plus avec des pensées négatives. Le mental a beaucoup évolué, il s'est calmé, il me laisse tranquille. Je tourne juste ce qui est nécessaire dans les ronds-points sans chercher à ne pas être suivie. Si cela arrive, je gère mieux le stress provoqué par l'impression de gêner, et je n'ai plus l'idée de m'arrêter pour laisser passer.

Devant certains virages, une appréhension peut me faire freiner juste un peu trop. Devant d'autres, si je freine c'est avec modération puis je sens que je tourne bien.
Les deux petits derniers, avant Saint-Brevin, auxquels j'ai souvent pensé, ne me créent plus d'angoisse. Quand je les approche, je sais que ça va aller, le pied sur le frein est beaucoup plus léger, la peur n'a plus le dessus, je les prends plutôt bien.
Quand je freine doucement en croisant un camion dans un virage, c'est par sécurité, ce n'est plus parce que je suis effrayée.
Sur l'ensemble de cette route, si je roule parfois avec une vitesse en dessous de celle qui est autorisée, l'écart reste raisonnable. La mise en place de la technique devient naturelle et la peur s'en trouve atténuée. Ma conduite devient plus fluide. C'est mieux aussi au niveau des réactions physiques. Les picotements sont très occasionnels, et quand ils se manifestent, ils sont moins le signal d'une situation réellement inquiétante.
Ma conduite globale tend vers celle que j'ai en leçon de conduite.

Entraînement sur une route digne d'un rêve

Il n'est jamais trop tard. Au détour de l'un de mes entraînements, je vais découvrir une route digne d'un rêve.

Croyez en vos rêves et ils se réaliseront peut-être.
Croyez en vous et ils se réaliseront sûrement.

Martin Luther King

Elle paraît d'abord tranquille, cette petite route, elle traverse un groupe de quelques maisons basses aux toits de tuiles dorées par le soleil. Le passage d'une courbe au détour du pignon d'une maison ouvre la vue sur un tout autre tableau, l'horizon d'une verdure parfaite et sans aucune habitation. On peut déjà y croiser quelques véhicules assez paisiblement. La belle configuration de la route offre une large vue sur les champs d'en face et sur les haies verdoyantes des côtés. Cette route semble s'amuser ; quand on la suit, elle se déroule sous nos roues à l'image d'un serpentin, puis elle nous échappe pour mieux nous rattraper tout en s'élevant au fur et à mesure que l'on avance.

Le sommet de l'une de ses petites côtes, situé à 27 mètres d'altitude, offre le délice de deviner l'implantation de part et d'autre de la route d'un joli moulin. L'un est abrité par des sapins qui acceptent de nous laisser percevoir derrière leurs branchages son toit gris en forme de cône. L'autre domine les champs, il respire le grand air et nous laisse voir sans effort son toit incliné et rénové de couleur tuile clair. Ils sont presque face à face, il faut se contenter d'en regarder un et attendre le retour pour observer l'autre, tout en surveillant la route et les camions que l'on peut croiser.

À l'époque de leur construction, cette hauteur leur faisait bénéficier d'un maximum de vent pour faire tourner leurs ailes, mais le temps n'est plus aux ailes de moulins… Aujourd'hui, si on laisse notre regard s'échapper au loin, ce sont les pales blanches de trois éoliennes que l'on distingue clairement. En parcourant l'horizon plus lointain, on en devine d'autres par groupes de trois à travers la brume.

Après un passage en ligne droite où les véhicules s'empressent parfois de doubler, un grand virage prend naissance au bord d'une haie de rosiers, le rosier rouge d'abord et un mètre plus loin, le rosier jaune. On passe parfois très près des propriétaires qui taillent ou cueillent les jolies fleurs.

Cette route dévoile encore certains de ses trésors cachés lorsque les premiers rayons de soleil du printemps font exploser les fleurs de colza. Des champs immenses de grappes de fleurs d'un jaune vif attirent le regard et font rêver de soleil.

Un des derniers cadeaux visuels est offert par l'immense champ qui s'étend à perte de vue sur notre droite, et qui est traversé en son milieu par une petite rangée d'arbres. Le contraste très net entre la couleur de ce tapis d'un vert très soutenu et le jaune du colza rajoute une touche de spectacle de toute beauté.

Cette route aurait été parfaite pour mon réapprentissage.

Le lecteur qui aura eu la patience de m'accompagner dans tous mes virages en côtoyant et en partageant mes peurs devinera avec aisance quel est cet univers exceptionnel et presque magique que tout conducteur débutant aimerait parcourir. Il s'agit de la D5 que j'ai réellement maudite avant d'y apprivoiser petit à petit mes peurs. Elle n'est plus la même, pourtant elle n'a pas changé, mais en n'ayant plus les yeux dans le volant, c'est mon regard sur elle qui, progressivement, s'est complètement transformé.

Elle reste une route passagère avec ses dangers, mais mon champ de vision s'est élargi et je perçois cette route dans un bel ensemble qui la contient.

La beauté est dans les yeux de celui qui regarde.

Oscar Wilde

11

LE PLAISIR DE CONDUIRE

En auto-école, nous partons vers Nantes.

À l'aller, sur la deux fois deux voies, je double sans rester bloquée derrière les premiers camions. Je roule à 90 km/h puis à 110 km/h. Je suis tentée de nouveau par un dépassement, mais je pense bientôt arriver à la courbe dans laquelle la limitation de vitesse va revenir à 90 km/h.

Je demande l'avis à Stéphane qui me dit que c'est moi qui décide. Je sais bien qu'il va intervenir si je ne prends pas une bonne décision, mais il me laisse faire comme si j'étais seule. Je double, car je sens que même si la courbe arrive, je peux le faire, et tout se passe bien. Par la suite, je suis amenée à doubler un bon nombre de camions ce vendredi matin. Je peux aussi parfois rester un peu derrière eux, cela dépend de la situation.

Je vois mieux le mouvement des véhicules qui nous entourent, et j'entrevois plus facilement ce que chacun risque de faire. Mon champ de vision prend davantage d'ampleur, cela renforce le plaisir de me sentir en meilleure harmonie avec les autres.

Quand j'arrive à la zone de travaux à Malville, je réduis bien ma vitesse à 90 km/h et j'avoue que souvent, quand je suis seule, je descends bien en dessous. Stéphane me dit que l'on peut garder les 90 km/h autorisés, je le fais facilement et je traverse cette zone sans ressentir de peur ni de gêne. Je réalise que lorsque je suis seule, c'est moi qui crée l'appréhension qui n'a pas lieu d'être.

En prenant la sortie Nantes-Ouest par une deux fois deux voies, Stéphane me dit que l'on peut doubler et me rappelle que mon regard doit être loin. Je me mets sur la voie de gauche tout en voyant que la voiture qui me suit a la même intention. Seule, je ne l'aurais pas fait, car la route tourne tout en montant. Je fais l'expérience, malgré une petite appréhension au sommet, de constater que cela n'empêche rien et que c'est agréable de réussir.

Nous arrivons ensuite au gros rond-point de la porte d'Armor sur lequel nous allons faire demi-tour pour revenir vers Saint-Nazaire. Il me vient à l'esprit de comparer cet exploit à un exercice d'équilibriste.

J'hésite à l'entrée, c'est délicat, car une voiture engagée est restée au centre alors qu'elle veut sortir. Je la laisse passer et je me place sur la troisième voie. Les fois précédentes, Stéphane faisait une bonne partie des manœuvres pour changer de voie.

Aujourd'hui, je fais tout. Je mets le clignotant à droite pour descendre sur la deuxième voie, je me souviens que la dernière fois, quand Stéphane l'avait fait, je m'étais dit que je n'aurais pas su si le camion allait me laisser passer. Cette fois-ci, je réussis à évaluer la vitesse et la distance qui me sépare du camion devant lequel je me rabats, comme je le ferais sur une deux fois deux voies.

Je remets ensuite mon clignotant et je me place sur la voie de droite pour finir par sortir du rond-point.

J'ai donc réussi ce tour de rond-point complet sans l'intervention de Stéphane et cette fois-ci, c'est lui qui exprime que cela s'est fait tout seul. Il était là, mais c'est moi qui avais les commandes et qui prenais les décisions. Il a dit quelques mots pendant la manœuvre, pas pour me dire de faire, mais pour constater que ce que je venais de réaliser était adapté.

Je suis contente, c'est tout un art et un plaisir de réaliser un tel numéro d'équilibriste.

Quelques kilomètres avant la courbe de Sautron, j'y pense et je fais part à Stéphane de questions que je me pose, il me dit que l'on ne sait pas pour le moment. Je comprends bien que quand je suis seule, j'anticipe trop sur ce que je vais faire dans cette courbe, et cela ne fait qu'augmenter la peur.

Quand j'y arrive, Stéphane me rappelle de bien regarder au loin et je ne peux pas dire que j'ai peur. Quand je suis dans la courbe, je dis : « ça tourne, c'est tout ». Ce n'est pas pour me rassurer, c'est plutôt pour constater qu'il n'y a pas de quoi autant m'inquiéter quand je la prends avec ma voiture.

Je prends la courbe de Savenay tout en parlant, et je réalise seulement après qu'elle est faite. Nous roulons ensuite parmi les voitures et certains camions que l'on double. Je retrouve cette impression que j'avais à l'aller, j'ai une vue plus globale et plus durable de ce que font les véhicules tout autour. Donc pour les prises de décision, c'est plus fluide, c'est le contraire de rester d'abord derrière un camion, hésiter, puis décider de ce que l'on fait.

J'ai une légère baisse de rythme à un moment, Stéphane me le fait remarquer, en effet, mais je ne peux pas vraiment dire que je sens de la fatigue, car je reprends la vitesse sans me forcer. La satisfaction de bien conduire me fait dire « on est content quand on réussit bien quelque chose ».

C'était un vrai plaisir, ce trajet. Je sens encore une évolution qui devrait me permettre de gagner en confiance quand je suis seule sur la route.

12

LA BOUCLE EST PRESQUE BOUCLÉE

Fin octobre 2021, c'est avec un état d'esprit plutôt calme que je vais entreprendre par étapes un très long voyage.

Je vais voir de la famille, mais pas seulement. Je tenterais bien à mon retour de passer par la Corrèze pour ensuite prendre la route que je visualise souvent. Il s'agit de celle sur laquelle je ne pouvais plus rouler. J'avais laissé le volant à mon amie qui m'accompagnait. Malgré du repos à mon retour, des crises de panique s'étaient succédé, et j'étais rentrée dans une spirale infernale de phobie de la conduite.

Le mental, sans pour autant s'affoler, part un peu dans tous les sens. Cela pourrait-il être réparateur et renforcer l'idée que cette phobie ne reviendra pas ? Ou cela pourrait-il réamorcer le processus de peur que j'ai détricoté ? Je ne sais pas, mais la tentation d'y aller est certaine.

Je soupçonne mon inconscient en pleine activité, sans pour autant nourrir des pensées nocives, il me réveille la nuit. J'ose imaginer qu'en coulisse, il est à mon service, mais j'aurais préféré qu'il ne me dérange pas. Il sait que ce que j'envisage est de l'ordre d'une très grande aventure.

Saint-Nazaire vers le Puy-de-Dôme

Je retourne au Puy-de-Dôme comme dans mon « voyage un peu audacieux ». En partant à 7 h 45, il fait encore nuit, mais c'est en forme et en toute confiance que je passe le pont de Saint-Nazaire pour continuer ensuite par la Route bleue vers Pornic. Je roule bien et assez naturellement, les bonnes maîtrises de la technique et la confiance en moi m'accompagnent jusque sur les routes à double sens de circulation en direction de Machecoul, Paulx et enfin Legé où je fais ma première petite pause.

Les heures, les kilomètres et les arrêts se succèdent. Je contourne Niort en prenant la direction de Guéret. C'est à Bellac en Haute-Vienne que je prends un hôtel pour faire une grande pause. Le lendemain, je repars en fin de matinée après un bon repos et un petit déjeuner copieux. La traversée des paysages d'automne du fond de la Creuse avec les arbres aux feuillages multicolores ne me fait pas regretter l'évitement des autoroutes.

Pour un léger pique-nique, je m'arrête sur une aire aménagée au bord de l'étang de Courtille de la ville de Guéret. Je marche sous le soleil et le bleu intense du ciel dans une température hivernale. L'amorce d'une petite grisaille interne due à l'anticipation du long retour que j'envisage est vite happée par la luminosité du paysage. Le contraste entre le bleu azur de l'étang et les dégradés orange et rouge des feuilles me ramène au présent. Tout va bien.

Un peu avant l'arrivée à destination dans le Puy-de-Dôme, les larges routes limitées à 90 km/h, avec de nombreuses courbes et du relief, accentuent la fatigue. Je ralentis un peu, mais il n'y a pas de panique. Cela avait été beaucoup plus difficile la dernière fois avant l'arrivée en roulant sur l'autoroute.

Je passe plusieurs jours agréables en famille et j'évoque le circuit touristique que j'ai l'intention de prendre pour le retour. Le regard positif que je perçois quand j'évoque les routes de la Corrèze me permet de mieux les accepter dans le reste de mon trajet et de ne pas les laisser prendre trop d'importance.

Le Puy-de-Dôme vers la Corrèze

Malgré un temps un peu maussade, je me fais plaisir par de nombreuses visites touristiques. Je m'arrête au Mont-Dore, à La Bourboule et au barrage de Bort-les-Orgues. Je fais un détour par le château de Val. Je l'atteins après une superbe promenade à pied dans les petites routes ombragées recouvertes d'un manteau de feuilles multicolores qui craquent sous mes pas.

La prise de photos me permet de matérialiser ces moments de découverte. Arrivée dans l'après-midi en Corrèze, je prends le temps d'une pause agréable accompagnée d'un petit goûter dans la famille.

Mon idée est de repartir avant la nuit en direction de Limoges. Je suis sur le point d'aborder une phase importante de mon trajet.

De la Corrèze vers Limoges

En premier, il me faut remonter vers la ville de Tulle. Sur une vingtaine de kilomètres, je conduis sur des petites routes aux nombreux virages très serrés. Je les ai souvent parcourues il y a de nombreuses années. Je reconnais les lieux et je roule naturellement.

Après Tulle, pour prendre la direction de Limoges, d'abord fidèle à mon choix d'itinéraire sans autoroute, je prends la départementale. Mais elle est surtout un élément clé pour la poursuite de ma grande aventure, c'est sur elle que se joue l'un de mes objectifs.

C'était dans les premiers kilomètres de cette départementale qu'il y a une vingtaine d'années, la peur m'avait paralysée au point de m'empêcher de poursuivre ma route.

Il y a peu de circulation, je roule aussi bien que sur les autres routes avec en plus la satisfaction que rien d'inquiétant ne surgit. La nuit commence à tomber, cela modifie les couleurs, la lumière ainsi tamisée semble m'offrir en cadeau un écrin de protection. Je suis pleinement consciente de régler en douceur un problème entre cette route et moi ; à vrai dire, cela se fait tout seul et sans combat.

C'est avant Limoges que je m'arrête dans une auberge pour passer la nuit. Le cadre reposant aussi bien à l'intérieur qu'à l'extérieur favorise une assimilation paisible de ce que je viens de réussir qui est à la fois simple et important. Cela prenait beaucoup de place dans mes pensées. Je repars le lendemain en milieu de matinée.

Limoges vers Saint-Nazaire

Le retour va être long. Par des routes secondaires, je traverse de très jolis paysages d'automne de couleur vive. Je m'adapte aux intempéries, j'affronte une tempête de vent, je sens qu'il faut bien tenir le volant, puis arrivent des averses parfois violentes.

Arrivée à Legé, il me reste 80 km à parcourir. Ils paraissent courts comparés à l'ensemble du trajet, mais en fait ils sont longs. La nuit commence à tomber et je suis contrariée par mon GPS qui tarde à me faire rejoindre la Route bleue que j'attends. Je peine, je lutte, et il n'est pas facile de m'arrêter sur cette route. Je ne suis pas en état de panique, mais je ne voudrais pas que la peur, profitant d'un état de faiblesse, s'engouffre sans ménagement dans la faille entrouverte.

> *Il y a une faille dans toute chose,*
> *c'est par là qu'entre la lumière.*
>
> Léonard Cohen

En difficulté, j'ai fait remonter mes blessures. C'est comme un sportif qui, avec une blessure pas totalement cicatrisée, prend le risque de la rouvrir en forçant trop à l'entraînement. Je n'aurais pas dû insister, un arrêt supplémentaire à l'hôtel m'aurait permis de bien terminer mon retour.

Après cette longue aventure

J'ai la satisfaction d'avoir plutôt réussi mon grand voyage. J'ai roulé correctement et avec confiance sur presque la totalité du trajet. La difficulté à la fin, due à la fatigue, n'a pas creusé d'empreinte, elle n'a été que ponctuelle et sans conséquence. J'ai retrouvé ma conduite et mon mental avec les mêmes acquis qu'avant.

Il me reste en mémoire en particulier des images et un vécu très positifs de la route entre Tulle et Limoges et je n'ai plus dans mes pensées « est-ce que je vais pouvoir le faire ? ».

Mon passage sur cette route n'a rien réamorcé de négatif. Rien de miraculeux non plus ne s'est produit, mais je ne partais pas avec une telle attente !

La phobie reviendra-t-elle un jour ? Cette question reste toujours sans réponse, mais elle revient moins souvent. Un voyage ne peut pas prédire l'avenir !

Avec une certaine conviction, je peux affirmer que la boucle est presque bouclée !

V

La voie de la renaissance

1

UNE DÉMARCHE VOLONTAIRE

J'aurais pu accepter ma peur de conduire et en rester à cet état de fait. J'aurais pu ne pas faire la démarche en auto-école pour tenter une dernière chance et apprendre de nouveau à conduire. On entend souvent : rester dans sa zone de confort ! En ce qui me concerne, je peux assurer qu'il s'agissait d'une zone d'inconfort !

Je n'oublie pas que j'étais devant un dilemme dans ma période de phobie. Si je me forçais à conduire, j'allais renforcer ma peur et le risque de mourir sur la route. Si je ne forçais pas, sachant que l'évitement renforce la phobie, j'augmentais aussi les risques. Dans les deux cas, je me mettais en réel danger de mort et je mettais aussi les autres en danger.

J'avais vraiment envie de faire disparaître cette situation. Les peurs n'ont pas disparu d'un seul coup, je viens de détailler toute ma démarche et les différentes étapes qui ont été nécessaires.

Pendant presque chaque leçon de conduite, je voyais que je progressais. Cela se présentait parfois dans le détail, quelque chose d'assez minime détricotait ce qui s'était mis en place et qui me paralysait depuis de nombreuses années. L'envie de faire le pas suivant me motivait, j'avais régulièrement l'image du curseur qui se déplaçait et cela m'encourageait.

La peur s'éloignait petit à petit et en même temps les images mentales toxiques disparaissaient. Cela laissait de la place très progressivement au plaisir de conduire et au plaisir d'une liberté retrouvée. Le gain de liberté donne envie de continuer sur la voie qui le procure. Il y a aussi une certaine fierté à dépasser la peur.

J'ai résolu plus rapidement le problème technique que celui de la peur, et la technique a beaucoup participé à faire disparaître la peur. La progression en conduite seule était réelle, mais souvent en retard par rapport à celle que j'observais avec mon moniteur. Cela ne m'a jamais empêchée d'espérer m'approcher de plus en plus de ce que je reconstruisais en auto-école.

Cela n'empêchait pas les moments de déception et d'impression de régression. Je savais qu'il en est ainsi de tout apprentissage. Avec courage, assiduité et détermination, j'ai continué. L'envie d'abandonner n'a jamais été là. C'est l'idée que je n'y arriverai peut-être jamais qui s'imposait parfois dans les moments plus difficiles.

J'ai appris de nouveau à conduire, avec plus de difficulté que quelqu'un qui commence à conduire. J'ai accepté l'échec et l'impression de régression quand ils se présentaient, pas dans le sens où ils n'avaient pas d'importance, mais dans le sens où ils ne me faisaient pas renoncer.

On peut croire qu'un enfant qui apprend à marcher et qui a déjà réussi un premier pas régresse quand il tombe en s'élançant une deuxième fois, mais en fait, ce qu'il a acquis demeure malgré sa chute, et de plus en ayant chuté, il apprend à se relever.

Comme quelqu'un qui, après s'être cassé la jambe, ne va pas remarcher du jour au lendemain, j'ai fait preuve de patience. Mais c'est Stéphane surtout qui a été très patient et très pédagogue.

J'étais volontaire, mais à propos de la volonté, je confirme, en m'appuyant sur mon expérience et sur mes lectures, qu'il ne suffit pas d'avoir de la volonté pour vaincre ses peurs.
Je peux renvoyer au livre du Docteur Roger Zumbrunnen intitulé *Pas de panique au volant.*
Ne pas pouvoir conduire par peur n'est pas un manque de volonté.

2

PAS SEULEMENT UN VOLANT ET UNE BOÎTE DE VITESSES...

Stéphane dit souvent que « la voiture, ce n'est pas seulement un volant et une boîte de vitesses ».

Il m'explique que c'est d'abord une personne qui est à l'intérieur et qui conduit. Elle se comporte en voiture comme elle se comporte dans sa vie personnelle et souvent sans le savoir. Cela peut aller du comportement le plus individualiste au comportement courtois, soucieux des autres et du respect du Code de la route. Elle est aussi le reflet de ce qu'est la société actuelle.

Partager la route

Lors d'une conduite en auto-école alors que je conduis bien et à la bonne vitesse, une voiture nous colle. Il a suffi que l'on voie un véhicule de la gendarmerie à un stop sur notre droite pour que celle qui nous suivait, d'un seul coup, remette de la distance.

Stéphane m'a conseillé un livre écrit par le psychologue Jean-Pascal Assailly et dont le titre est *Homo automobilis ou l'humanité routière*. J'ai en particulier retenu l'idée que « l'on ne devrait pas apprendre à prendre la route, mais on devrait apprendre à partager la route ».

Au début de ma conduite dans les virages, c'était tellement difficile parmi les voitures et les camions que j'ai dit qu'il me faudrait des pistes spéciales dans lesquelles je serais toute seule à circuler. J'ai même fait une recherche pour trouver un tel circuit. Un jour, je suis contente de bien prendre un virage à gauche sans peur, et je ne me soucie pas du gros camion que l'on croise en même temps. Je réalise alors que le circuit vers lequel je voulais fuir n'aurait pas permis un apprentissage de la conduite, car circuler parmi les autres fait partie de la conduite.

Avec des proches, il m'arrive d'évoquer un peu mes angoisses en voiture. Il n'est pas rare alors que quelques personnes se mettent à parler de peur de la circulation et du comportement de certains automobilistes. La route peut faire peur même à ceux qui n'ont pas de phobie.

Je ne veux pas seulement réussir des virages

Je me souviens d'une phase de ma progression en auto-école sur la D5. Malgré la peur, je commence à bien prendre les virages. Sur le chemin du retour, tout en haut du pont de Saint-Nazaire, Stéphane me dit qu'il serait bien de trouver maintenant une autre route avec des virages. Cela me fait l'effet d'un choc et je pense que je crie. Il doit se demander ce qui m'arrive. J'explique que je suis loin de penser que j'en ai fini avec cette route, car même si de l'extérieur, c'est réussi, pour moi, je suis seulement au stade de la réussite technique, mais la peur est toujours très présente.

Le cri qui sortait du cœur signifiait « je ne veux pas seulement réussir un virage, je voudrais aussi me sentir bien en tournant ».

En auto-école, on a continué sur la D5. Progressivement la peur a disparu, d'abord dans les virages puis à leur abord.

Parallèlement, j'ai pris du temps pour arriver presque à la même progression en entraînement seule.

Dis-moi comment tu conduis, je te dirai qui tu es

En leçon de conduite, je m'arrêtais systématiquement aux ronds-points et pour laisser passer ceux qui me suivaient. J'étais en priorité préoccupée par l'action à faire pour ne gêner personne. J'en arrivais à devoir obéir à des directives contradictoires que je m'imposais. J'en perdais la capacité d'évaluer objectivement la situation, cela pouvait me figer ou alors me faire prendre une décision inadaptée.

Sur la route, je n'osais pas m'affirmer, je n'osais pas doubler. Je ne m'autorisais pas facilement une place ou une action qui aurait été pourtant légitime, je cherchais plutôt à m'effacer. Globalement, je subissais, je n'étais pas active.

J'ai constaté que souvent mon vécu au milieu des véhicules était semblable à celui que j'avais dans la vie de tous les jours, parmi les autres. En effet, au quotidien, j'ai souvent eu peur de gêner, de déranger, peut-être même d'être de trop, et cela a gâché mes rapports aux autres. J'ai eu du mal à m'imposer avec les adultes. J'ai bien connu ce sentiment de subir au lieu d'agir.

En conduite avec Stéphane, petit à petit, je prends ma place parmi les autres véhicules.

Pour franchir un rond-point, j'ai gagné en confiance et j'ai appris à évaluer et à décider au lieu de réagir en réponse à la pression imposée par la peur des autres. J'ai trouvé ma place sur la route parmi les voitures et les camions en ne m'arrêtant plus systématiquement pour les laisser passer.

Celui qui change de comportement dans la vie va changer son comportement en voiture. J'ai vécu l'expérience inverse, en changeant mon comportement en voiture, j'ai changé mon comportement dans ma vie.

L'affirmation de moi sur la route renforce l'affirmation de moi en dehors de la conduite parmi ceux que je côtoie. Cela se traduit par une prise de parole plus spontanée et une prise de risques plus grande pour donner mon point de vue que j'estime légitime même s'il est différent.

La liberté ressentie en auto-école et le plaisir de conduire retrouvé même en dehors des leçons m'ont amenée à une expérience inattendue lorsque je suis allée à Boston.

J'avais déjà beaucoup réfléchi et appris sur moi dans les différentes thérapies que j'ai faites. La conduite n'a pas changé ce que je suis, elle a contribué à la poursuite de mon évolution en développant une part de moi-même qui ne prenait pas sa place.

Un jour, je suis en entraînement sur la D5. Malgré une petite appréhension, je roule assez bien en étant suivie sur une bonne partie du retour par une même voiture. Je l'observe, elle ne me colle pas, elle garde toujours une distance rassurante. Cela contribue à me donner confiance et quand je quitte cette route pour prendre la deux fois deux voies, je ressens vraiment l'envie de dire merci au conducteur. J'imagine que si des circonstances me l'avaient permis, il aurait été étonné, car je pense qu'il conduit comme il se comporte dans la vie, c'est-à-dire naturellement dans le respect des autres.

Deux plus deux égale quatre

La partie cartésienne de mon cerveau voudrait parfois tout codifier pour avoir une réponse sûre à une situation donnée. Stéphane aime me rappeler dans ces circonstances que conduire, ce n'est pas faire des mathématiques, ce n'est pas à chaque instant deux plus deux égale quatre. Cela me fait sourire.

Pour alors répondre à la question que j'ai posée, il va parfois me dire que cela dépend du conducteur qui est dans l'autre voiture. Il m'apprend à l'observer et à évaluer sa réaction possible en fonction de son âge, du style de voiture qu'il a et des premières informations que je reçois en le regardant. Parfois la décision à prendre, qui est d'abord liée à l'application du Code de la route, peut être finalisée en tenant compte du comportement de celui que l'on observe.

La petite phrase sur les mathématiques n'enlève rien à la rigueur et à la logique du travail que je perçois d'un professionnel toujours en recherche d'une pédagogie adaptée, acteur passionné de la sécurité routière.

3

DE LA RÉSERVE À L'ÉCRITURE

Naissance du livre

J'aurais pu ne pas écrire ce livre.
C'est pendant une première période sans leçons de conduite que je crée un carnet de bord. Encouragée par Stéphane, je rédige ensuite régulièrement un compte rendu de mes entraînements journaliers en voiture.

Un jour, je partage avec ma sœur quelques moments de mes débuts de leçons de conduite. J'évoque ma surprise des progrès que je réalise rapidement sur la Route bleue. Je parle un peu de mes peurs aussi, mais pas dans le détail, toujours par souci de ne pas les transmettre. Je lui dis :
– Quelle affaire, cette histoire de peur, je pourrais en écrire un livre !
Ma sœur réplique aussitôt :
– Fais-le !

En m'exprimant ainsi spontanément, je ne suis pas encore dans une réelle perspective d'écrire. Je cherche à prendre de la distance par rapport à cette phobie. Cela sous-entend aussi qu'il y a beaucoup à dire. Je ne sais pas si ma sœur se laisse emporter par la conversation ou si elle m'encourage réellement vers une telle initiative, mais je mémorise sa réponse.

Cette idée fait son chemin, et j'envisage de plus en plus de la concrétiser. J'ouvre un grand cahier et je prends un crayon. Je crée une ambiance propice à l'écriture par le silence ou de la musique douce. Quelques chats à proximité qui font leur toilette, s'étirent ou se reposent contribuent à la réalisation du cadre idéal. Une fois que j'ai déplacé celui qui a choisi mon cahier comme coussin, je peux commencer, je laisse mes souvenirs refaire surface et j'écris.

Je retrouve le plaisir de créer. Quand j'étais professeur, je préparais mes cours en construisant ma propre démarche pédagogique, la mieux adaptée à mes élèves.

Quand j'évoque le sujet du livre avec Stéphane, il est loin de trouver l'idée ridicule et il m'encourage à le faire.

Première phase

D'abord, j'ai cherché à décrire le plus simplement possible mes phobies difficiles à imaginer pour quelqu'un qui n'y a jamais été confronté.

Malgré quelques hésitations, l'effet de déposer le poids de certains souvenirs angoissants est libérateur. J'éprouve même un certain plaisir à décrire la réalité telle que je la vis. Je profite ainsi de moments précieux où je suis bien avec moi-même.

Je n'ai pas choisi ce qui m'est arrivé, mais je choisis d'en parler en écrivant.

Ensuite, le récit de mes leçons de conduite, et surtout de mes entraînements, me permet de prendre de la distance par rapport à ce que j'écris très spontanément dans mon carnet de bord. Je mesure avec davantage d'objectivité mon évolution.

J'écris assez facilement pendant une période de progrès. Je suis motivée par le plaisir de voir l'assurance gagnée dans ma conduite et aussi dans ma vie.

Puis, comme beaucoup d'écrivains, je traverse des moments d'incertitude et de doute.

Quand je bloque longtemps sur les virages en conduite, et que je perds l'espoir d'y arriver, cela remet en question la fin du livre que j'avais espérée. C'est comme si j'écrivais un roman sans en connaître le dénouement. Un blocage dans l'écriture s'installe.

Alors, je n'ouvre plus mon grand cahier, j'arrête d'écrire le livre, tout en continuant à remplir mon carnet de bord.

Reprise et remaniement

Après une nouvelle progression en conduite, je reprends l'écriture. Spontanément, dans la deuxième partie de mon livre, j'effectue des modifications de mon récit. J'utilise moins de mots qui minimisent, qui atténuent, et davantage de mots qui affirment. Mon écriture évolue comme ma conduite, elle devient plus directe et plus fluide.

Alors que je n'ai toujours pas résolu complètement le problème d'appréhension de certains virages, la progression est bien là, même si elle tient parfois à des détails. J'ai l'espoir que l'écriture puisse contribuer à effacer la peur qui demeure.

La question de l'édition

Quand je poursuis l'écriture de mon livre, je le fais d'abord pour moi avec pour objectif principal de le terminer en y mettant tout mon cœur.

Écrire pour soi est déjà toute une démarche, envisager d'être lue en est une autre.

En premier, il me paraît intéressant de laisser une trace écrite de ma démarche à l'auto-école qui a permis mon évolution. En conduite, il m'arrive d'évoquer l'idée du livre, mais rarement du contenu. Je comprends vite que pour Stéphane, cela m'appartient, il veut le lire seulement quand il sera terminé.

Ensuite, la question d'une éventuelle édition se pose spontanément. Cela peut créer de l'enthousiasme, mais aussi de l'inquiétude, car j'ai plutôt un tempérament à peu m'exposer au regard des autres. Tenter l'édition se manifeste au fur et à mesure que j'approche la fin du livre, mais elle n'a jamais été mon objectif principal.

J'ai cherché des témoignages pendant mes années de phobie. L'expérience des autres peut être précieuse quand on fait une démarche pour soi. Je ne dispose d'aucune solution à proposer, car chaque cas est particulier. Je me sens de plus en plus motivée par l'idée que l'édition de mon livre pourrait peut-être aider quelqu'un qui a peur, ou son entourage.

Fin du livre

Quelle sera vraiment la fin du livre ?
En aurai-je définitivement terminé avec mon problème ?
Stéphane est à l'origine de la remarque suivante : pour un alcoolique ou un fumeur qui a fait beaucoup de démarches pour arrêter de boire ou de fumer, il est très difficile et embarrassant de répondre à la deuxième question posée.

Je n'ai pas souffert d'une addiction liée à la recherche d'un plaisir immédiat, mais je me sens comme eux dépendante d'une force qui me dépasse et qui s'impose. Je peux alors rester hantée intérieurement par la question suivante :

« et si un jour cela revenait ? »

Rien ne permet d'assurer que cela ne reviendra pas. La seule certitude réside dans le fait que c'est arrivé et que ce n'est plus là actuellement grâce à un travail. Et si en roulant je pressens que le mental pourrait entraver ma conduite, j'ai maintenant des outils pour affaiblir son impact.

« La boucle est presque bouclée ! »

Un sportif blessé, qui est en rééducation, ne sait pas si un jour il n'aura pas une autre blessure, cela ne l'empêche pas de s'entraîner.

D'ailleurs, pour quelqu'un qui n'est pas concerné aujourd'hui, rien non plus ne permet d'affirmer que cela n'arrivera pas un jour.

4

LE SYMBOLE DU PHÉNIX

Comme je l'ai déjà mentionné, j'aime beaucoup les citations, ces petites phrases courtes et chargées de sens. J'aime aussi beaucoup les symboles.

Renaissance du plaisir de conduire

Cela faisait partie de ma vie de conduire…
Quelque chose en moi s'était éteint, mais n'était pas vraiment mort quand j'ai constaté que je ne pouvais plus conduire. J'ai beaucoup lutté sur la route par instinct de survie. C'est ce que j'exprime quand je dis que j'avais l'impression à chaque instant que j'allais mourir et que mon corps et mon cerveau faisaient maints efforts pour combattre. J'en ai fait beaucoup en auto-école et en entraînements. J'ai vu renaître le plaisir de conduire.

Renaissance du sentiment de liberté

La peur de conduire a contribué à m'isoler. Au volant, j'ai retrouvé un sentiment de liberté auquel je n'étais plus habituée. Curieusement cela a pris davantage d'ampleur en dehors de la conduite, mon voyage à Boston en a été une manifestation assez spectaculaire.

Le fruit de ma réussite est aussi parfois ma capacité à me lancer régulièrement des petits défis. C'est toujours surprenant de constater que ce qui, pendant une période, paraît compliqué et inabordable, un jour, devient du domaine du possible.

Ainsi, j'ai entrepris la rénovation d'une petite terrasse détruite par le temps. J'ai bien pris mon temps et sereinement je suis arrivée à un beau résultat.

De même, depuis des années, je freinais la réalisation d'un rêve de feux de bois dans ma maison. Un jour, les hésitations n'ont plus eu gain de cause. Je profite maintenant de l'acquisition d'un poêle à bois. Les chats partagent avec moi le bonheur de cette nouvelle source de chaleur.

Reprogrammation : du cerveau vers le corps

Suite aux peurs et aux angoisses anciennes et plus récentes, le mental a créé des pensées terrifiantes. Elles ont creusé des empreintes et parfois des ornières profondes, j'ai parlé de déprogrammation de mon cerveau. Quand intellectuellement je comprends bien comment on prend un virage, alors que concrètement, physiquement, je n'y arrive pas, le cerveau sait, mais pas le corps.

Le corps ne retrouvait plus les gestes appris pour bien diriger la voiture. À la suite des trajets que j'ai faits en situation de panique et d'angoisse, il avait fini par enregistrer et garder en mémoire des techniques inadaptées.

En leçons de conduite, les progrès ont été rapides en lignes droites, le corps avait le temps de comprendre et de se réadapter. Dans les virages, c'était trop court, le corps manquait de temps pour s'adapter.

Il y avait un décalage entre ma progression en auto-école et ma progression seule. Ce qui était acquis en auto-école était mis en mémoire et progressivement avec un temps de retard, cela devenait profitable en conduite seule.

Chez moi, un fait banal me fait réfléchir à la mémoire corporelle. Le soir je termine un tube de dentifrice et je le remplace par un nouveau. Le lendemain, je m'y reprends à deux fois pour soulever le tube. En effet, ma main a gardé en mémoire que le tube est léger alors qu'il ne l'est plus. Mon cerveau avait enregistré une compréhension physique de la situation.

De la même façon, mon corps a gardé en mémoire les peurs apparues dans les trajets lorsque je faisais des crises de panique. C'était alors une question de vie ou de mort. Au fur et à mesure que les peurs disparaissaient pendant ma démarche en auto-école, mon corps mémorisait de nouveau ce qu'il devait faire : l'action sur le frein et sur l'accélérateur, la position des mains sur le volant, et surtout le regard. Petit à petit, les gestes appropriés sont revenus.

Symbole de renaissance dans un rêve

Au tout début des leçons de conduite, j'étais très embêtée de ne pas avoir d'explications à donner à ma peur chronique. Dans un rêve, Stéphane vient me chercher pour une leçon, et je lui crie « je ne sais pas pourquoi j'ai peur ! » C'est le cri du cœur qui se permet de s'exprimer cette nuit-là.

Longtemps après, un matin, je suis brutalement réveillée par l'intensité de ce que je suis en train de rêver : avec mon véhicule, je m'approche d'un rond-point. En observant particulièrement les détails qui l'entourent, je dis « Ils ont enlevé le mur gris, et ils ont mis de la couleur partout dans le rond-point ! » Je vois un rond-point et en face un espace clair qui semble s'être substitué à un mur gris. Le sol du rond-point est particulièrement coloré, il est constitué de multiples pavés de couleurs jaune et orange, cela me rappelle un peu un mandala…

C'est symbolique et très réaliste quand on sait que la peur de ne pas réussir à tourner dans les ronds-points n'est plus là et que l'impression de mur que j'ai dans les virages a disparu.

Pour moi, la luminosité des pavés dans le rêve symbolise une renaissance, une réconciliation avec les ronds-points. J'ai fait un rêve lucide qui m'a marquée énormément et positivement.

Renaissance au sein de la petite colonie des chats

Mon chat Pépino s'est battu contre la maladie, il laisse un vide auprès de moi et des autres chats de la maison. Il s'en est allé rejoindre Chabothé et Caramel, les autres chats dont l'empreinte demeurera toujours dans la maison.

Un joli et jeune Poupinet, que j'ai accueilli en le sauvant d'un destin fatal, est arrivé. Il remet de la gaieté et renouvelle la vie parmi les plus anciens.

De la réserve à l'écriture

J'ai longtemps peu parlé par timidité, par peur de m'affirmer et par manque de confiance. J'étais très réservée, c'était comme un empêchement.

Oser écrire va dans le sens d'un dépassement et d'une libération de soi. Je peux le vivre comme la renaissance d'une partie étouffée de moi ou comme une éclosion.

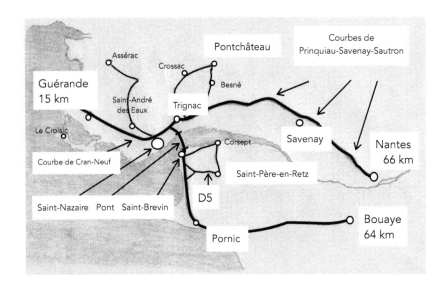

Table des matières

Préambule 10
Le miroir de mes angoisses 12
    LA DÉCISION 14
    L'INDICIBLE 19
    SUPPLICES PSYCHIQUES ET PHYSIQUES 25
    DÉMARCHES THÉRAPEUTIQUES 29
    UN TERRAIN FAVORABLE 33
    L'ÉTAU SE RESSERRE 36
    NOUVELLE DÉMARCHE THÉRAPEUTIQUE 40

Les méandres de ma conduite 44
    PREMIERS PAS EN AUTO-ÉCOLE 46
    LEÇON PRESQUE MIRACULEUSE SUR LA ROUTE BLEUE 52
    MON CARNET DE BORD 56
    BONNE REPRISE VERS BOUAYE 65
    PONT DE SAINT-NAZAIRE ET SUD LOIRE 70
    EMPRISE DU MENTAL 78
    VIRAGES DU SUD LOIRE 83
    EN AUTO-ÉCOLE JUSQU'À NANTES ! 92
    LE DOUTE PEUT S'ENGOUFFRER 100

L'éveil du phénix 109
    LA CHUTE DU MUR 111
    UN GRAND MOMENT DE LIBERTÉ 117
    LA LOGIQUE DE L'ÉVITEMENT 121
    « ÇA TOURNE TOUT SEUL » 128

« DE BEAUX VIRAGES » 135
CONFIANCE ET SENS DE L'ORIENTATION 141
L'ŒUF OU LA POULE ? 147
MALGRÉ LES INTEMPÉRIES.. 155
TRÈS BONNE PROGRESSION SUR LE TERRAIN DE JEU ... 161
LA COUR DES GRANDS 170

Une vraie thérapie *177*
OBJECTIF ATTEINT SUR LA D5 179
BOUAYE EN AUTO-ÉCOLE 186
L'ŒIL DU SANGLIER 190
OSER FAIRE LE SAUT 196
UN TRÈS GRAND VOYAGE UN PEU AUDACIEUX........... 202
TROUVER SA PLACE ET S'AFFIRMER............................. 211
L'UNION FAIT LA FORCE 217
LE REGARD DES AUTRES... 224
SEREINEMENT VERS BOUAYE 231
J'AI FAIT UN RÊVE 235
LE PLAISIR DE CONDUIRE 242
LA BOUCLE EST PRESQUE BOUCLÉE 247

La voie de la renaissance.. *254*
UNE DÉMARCHE VOLONTAIRE 256
PAS SEULEMENT UN VOLANT ET UNE BOÎTE DE VITESSES… 260
DE LA RÉSERVE À L'ÉCRITURE 266
LE SYMBOLE DU PHÉNIX 272

Table des matières... *278*

Remerciements *281*

Remerciements

« Quelle affaire ! » se serait exclamée ma sœur Danièle.

Ton départ précipité ne te permet pas de lire ce livre terminé.

J'aurais aimé te remercier pour tes encouragements à écrire, ton attention et ton accueil.

Cette exclamation était une complicité entre nous. Elle nous ramenait à notre enfance, elle continuera à me faire sourire en pensant à toi.

Grand merci, Danièle.

Un grand merci à Stéphane, gérant de l'auto-école CONDUIT'OUEST.

Votre passion et votre implication dans votre métier d'enseignant de la conduite et de la sécurité routière font de votre travail quelque chose d'exceptionnel.

Votre pédagogie, votre regard sur la conduite dépassent ce à quoi l'on peut s'attendre en contactant une auto-école.

Le bien-être que m'ont apporté la qualité de votre travail, votre calme en toute circonstance, votre rigueur, vos comparaisons et votre humour, toujours dans le plus grand respect est inquantifiable.

Merci pour la confiance acquise, pour le plaisir de conduire retrouvé, et pour tous les autres dépassements de moi-même.

Un grand merci à tous ceux qui étaient dans la confidence.

Jean-Yves, Audrey, Sandrine, Peggy, Fabienne, Marie-Laure et Gilles.

Vous avez cru en moi, vous m'avez fait avancer dans la longue traversée de mes écrits.

Merci d'avance à mes lectrices et lecteurs qui partageront tout mon univers de peur, d'espoir et de réussite.

Printed by Amazon Italia Logistica S.r.l.
Torrazza Piemonte (TO), Italy